Burn-out oder voll Banane?!

Ein Tagebuch von Depression, Achtsamkeit und Selbstironie.

von

Bibliografische Information der Deutschen Nationalbibliothek:
Die Deutsche Nationalbibliothek verzeichnet diese Publikation in der
Deutschen Nationalbibliografie; detaillierte bibliografische Daten
sind im Internet über http://dnb.d-nb.de abrufbar.

Burn-out oder voll Banane?!
Len Mette

1. Auflage
März 2017

© 2017 DerFuchs-Verlag
D-69231 Rauenberg (Kraichgau)
info@DerFuchs-Verlag.de
DerFuchs-Verlag.de
Lektorat/Korrektorat: Sabrina Georgia,
Sabrina.Georgia@DerFuchs-Verlag.de
Coverfoto: Fotomanufaktur Wessel

ISBN 978-3-945858-30-1 (Taschenbuch)
ISBN 978-3-945858-31-8 (ePub)

Gewidmet meinem Freund und Vorbild Dr. H. W., der am 17.05.2015 in Folge schwerer Krankheit verstorben ist.

Aus der Nummer mit dem Fischbrötchen kommst Du mir nicht heraus! Irgendwann. Irgendwo.

Der Song zum Buch:
"Freischwimmer" von Len Mette.

Erhältlich als Download oder Stream im
Onlinehandel.

Alle Informationen unter
www.mette-music.de

Vorwort

Ich befinde mich in einer Ausnahmesituation. Ich bin in einer Situation, die in meiner Lebensplanung niemals auch nur ansatzweise vorkam: Ich benötige psychotherapeutische Hilfe. Das jedenfalls ist es, was mir die Ärzte sagen. Ich habe nicht einmal eine Idee, was dieser Terminus überhaupt im Detail bedeutet. Jedoch weiß ich, dass es mein letzter Ausweg aus einer Lage ist, die mich aufzufressen droht. Ich bin in die vielzitierte Burn-out-Falle getappt, so zumindest scheint es. Augenblicklich stellt sich mir die Frage, ob ich hier überhaupt auch wieder gänzlich genesen herausfinden kann. Ich bin weder in der Lage mir vorzustellen, wie man eine solche Krankheit heilt noch ob es überhaupt möglich ist sie zu heilen. Ach was, ich weiß nicht einmal, ob es überhaupt eine Krankheit ist, die ich da mit mir herumschleppe. Werde ich gesund und wieder völlig normal werden oder war es das nun mit meiner vollen Leistungsfähigkeit, mit den besten Jahren meines Lebens?

Vielleicht werde ich die Fragen zu krank oder nicht krank, Genesung oder nicht Genesung erst wesentlich später, mit etwas Abstand beurteilen können. Ich habe mir daher vorgenommen, die Geschehnisse zu dokumentieren, die mich in dieser, für mich völlig unbekannten Welt der psychologischen Betreuung, erwarten und so einschüchtern. Das soll mir helfen auf dem Weg, der nun vor mir liegt. Ich möchte mir selbst ermöglichen, zurückschauen zu können. Ich will es mir selbst ermöglichen, mir Veränderungen und meine eigene Entwicklung vor Augen zu führen, wenn mir einmal die Puste auf diesem Weg ausgeht.

Und wer weiß: Sollte mein Weg einen positiven Verlauf nehmen, kann diese Dokumentation eventuell sogar anderen Patienten helfen, die sich in einer ähnlichen Situation befinden und jenen Weg noch vor sich haben. Sie wissen schließlich ebenfalls nicht, wie ihnen geschieht. Möglicherweise interessiert sich gar der eine oder andere Profi dafür, wie es mir, einem Patienten von vielen, in den unbeobachteten Augenblicken ergangen ist. Vielleicht hilft es irgendwem oder eben nur mir selbst, denn dann hätte dieser ganze Horror zumindest einen Sinn gehabt. Ich mache mich selbst zu meiner eigenen Laborratte, gebe mir selbst auf diese Weise ein perfides Gefühl von Kontrolle in dieser, für mich unwirklichen Situation.

Wie auch immer dies funktionieren, oder nicht funktionieren mag, eines will ich mir nicht verbieten: Ich werde lächeln und versuchen, das Ganze hier mit einem Augenzwinkern zu betrachten. Ich nehme mir vor über mich selbst, andere und diese unwirkliche Situation zu lächeln, völlig gleichgültig, ob das nun in einer solchen Lage ›angemessen‹ sein mag, oder nicht. Denn wenn mir mein Humor verloren geht, kann ich auch gleich aufgeben! Die Welt dreht sich nämlich weiter, ob ich nun wieder normal werde oder nicht. Grund genug, im Zweifel, mit Würde und einem verschmitzten Lächeln die Bühne zu verlassen. Zigarre in den Mundwinkel stecken, lächeln und sagen:

»Ich liebe es, wenn ein Plan funktioniert!« – auch, wenn er nicht funktioniert hat. Oder so ähnlich ... Irgendwas Episches halt!

Der Weg in die Falle
Selbstbilder und Stigmata

Nun sitze ich hier im Foyer einer psychosomatischen Klinik. Ich habe mich entschlossen zu schreiben, muss meine Gedanken ordnen und irgendwie in Reih und Glied bringen, denn sonst wird mein Kopf irgendwann platzen. Das zumindest ist mein Gefühl, während ich von Eindrücken und Gedanken übermannt werde. Ich fühle mich völlig nutzlos, wie ein ausgesondertes Wrack der Leistungsgesellschaft.

Ich schreibe. Ja, ich schreibe, denn irgendwie gibt es mir das Gefühl überhaupt noch etwas Sinnvolles in diesem armseligen Dasein tun zu können. Es ist diese eine Frage. Sie plagt mich immer und immer wieder in neuer Gestalt: Wie konnte das alles überhaupt passieren? Wie bin ich hier gelandet? Wie entwickelt man sich unbemerkt vom ganz normalen Menschen zu einer Art Zombie?

Eigentlich, so könnte man meinen, eine vorprogrammierte Sache, wenn man meinen Lebenslauf der letzten sieben Jahre einmal neutral betrachtet: Ich habe gemeinsam mit meiner Frau Nadja ein Haus gebaut, eine Hochzeit gefeiert, die in ihrer Vorbereitung einem Großprojekt gleichkam, und

Die peinliche Erleichterung des Krankseins

Fortan war ich also krank. So weit, so gut. Gut? Jawohl! Gut! Denn in Folge dieses Tages der ›Offenlegung‹ meines Leidens erfuhr ich neben des Schreckens auch unglaubliche Erleichterung. Es gab nun etwas Greifbares, denn ich war offiziell krank. In welcher Form auch immer. Es gab etwas, womit man sich befassen konnte, so wenig greifbar es auch war, denn ich hatte ja schließlich kein gebrochenes Bein oder eine Infektion. Es war, als hätte man mir eine Last von den Schultern genommen. Eigentlich wusste ich ja längst, dass etwas nicht stimmte, aber genau dieses Etwas hatte nun einen Namen. Natürlich hatte ich darüber auch schon mit Freunden gesprochen, mich aber immer wieder im Kreis gedreht, wie blind und nicht in der Lage Ursache und Wirkung zu begreifen. Ich ging in die Sauna, trieb Sport, kaufte mir etwas Schönes.

Entschuldigen musste ich mich zudem bei Nadja: In der Absicht sie nicht mit Existenzängsten belasten zu wollen, hatte ich hier bis zum Tag der Krankschreibung keinen Klartext geredet. Meine eigene Angst nicht durchzuhalten, musste von meiner Familie ferngehalten werden, wie ich dachte. Das war ganz allein mein Problem, für das ich selbst eine Lösung finden musste. Ich redete also mit Vertrauten, jedoch nicht mit der wichtigsten Person in meinem Leben: meiner Ehefrau. Diese wusste am wenigsten über mein Problem Bescheid, sah nur diesen Zustand, der wohl wenig vertrauenserweckend war. Wie dumm von mir, denn mit dem Tag meiner Krankschreibung konnte ich erkennen, dass ich den liebevollsten und loyalsten Menschen des Universums an meiner Seite habe! Kein Wort der Enttäuschung. Kein Vorwurf. Nicht der Hauch von jener Krise, die ich mir ausgemalt hatte. Keine Bombe, die zu platzen drohte. Im Gegenteil! Auch sie wirkte erleichtert, dass nun endlich die Voraussetzung für den Weg aus der Krise gegeben war. Sie stärkte mich in meinem Tun, machte die mir mehr als peinliche Situation des Versagens zu einer völlig normalen Krankheit.

Während ich mit mir selbst kämpfte, mich nun fragte, ob ich tatsächlich eine psychische Krankheit hatte und mich ärgerte, meine eigene Stimmung nicht mehr heben zu können, sagte sie:

»Es ist mir ganz egal, ob du eine Grippe auskurieren musst, dir ein Bein gebrochen hast, oder eben therapeutische Hilfe benötigst. Du bist jetzt krank und wir werden dir Hilfe holen, die dich wieder völlig gesund macht. Da mache ich mir überhaupt keine Sorgen.«

Diese Feststellung hätte für mich wertvoller nicht sein können, auch wenn ich genau wusste, wie unsicher und besorgt sie selbst in dieser Situation war. Eine psychische Erkrankung war zu diesem Zeitpunkt noch weitaus peinlicher für mich, als jegliche physische Krankheit. Sie hatte mit meinem Bewusstsein zu tun. Und die Kontrolle über Teile des eigenen Bewusstseins zu verlieren, hieß für mich ›verrückt‹ zu sein. Das konnte doch einfach nicht wahr sein! Es war so unwirklich ...

Ironischerweise hatte ich einige Monate zuvor in meinem ersten Buch, ›Das Cappenberg-Experiment‹, über die Gefahren der Überlastung von Projektmitarbeitern und dem drohenden Totalausfall jener referiert. Ich hatte hier das Bild von Indianern in Paddelbooten auf einem kanadischen See karikiert, die immer wieder durch das Vorgaukeln von akuten Krisen, in Form von Seeungeheuern, seitens ihrer Häuptlinge zum schnelleren Paddeln gebracht werden sollten:

›Hinsichtlich der Krisen frage ich mich zwar mittlerweile, ob diese nicht einzig und allein erfunden sind und den Sinn haben, die Wirtschaft weiter anzukurbeln, aber das führt hier wohl zu weit. Man stelle sich nur mal vor, man erzählte den Indianern von immer weiteren Seeungeheuern und empfehle ihnen im gleichen Atemzug, lieber ein wenig schneller zu paddeln, bevor das nächste Ungeheuer in Erscheinung trete ... Ich bin überzeugt, auf diese Weise gäbe es ratzfatz die erste Goldmedaille für einen kanadischen Indianer im Kanadier! Danach würde der kanadische Indianer vermutlich tot umfallen und nix

*mehr gewinnen, was man dann ›Burnout‹ nennen würde,
aber der kurzweilige Erfolg wäre garantiert! Gut, lassen
wir das ... Zurück zum Thema ...‹*

Nun ja, zumindest hatte ich nun selbst den Beweis
erbracht, dass dieses Bild nicht ganz falsch sein
kann. Das Cappenberg-Experiment – tolles Buch mit
Lebensweisheiten, Mette. Echt mal ...

Hinsichtlich der Reaktionen der verschiedensten
Menschen in meiner Nähe, vor denen ich mich so
gefürchtet hatte, gab es durchweg Kommentare, die
mir zu diesem Zeitpunkt halfen, den Weg fortzu-
setzen. Arbeitgeber und Kollegen, Familie, Freunde
und Nachbarn: Niemand sah mein ›Sich-der-Krank-
heit-ergeben‹ als Schwäche. Ganz im Gegenteil: Man
sprach mir Respekt dafür aus, dass ich die Krankheit
anerkannt hatte und mir helfen lassen wollte. Man
bot mir Hilfe an, half mir in der Tat mit Gesellschaft,
Taxi-Fahrten und damit, dass man meine Familie bei
den nun folgenden organisatorischen Aufwänden
unterstützte. Für all diese Unterstützung danke ich
Euch! Offenbar war ich der Einzige, der mich in
dieser Situation als schwach und gescheitert ansah.

Bürokratie für Kranke

Gut, ich war also krank. Nun galt es, schnell zu handeln! Jetzt würde ich die Weichen für meine Genesung und damit für die Zukunft meiner Familie stellen müssen, auch wenn ich erbärmlich wenig Energie zum Handeln hatte. Genau hier lag ja schließlich auch mein Problem.

Ich nahm telefonischen Kontakt zur, vom Hausarzt empfohlenen, Klinik auf. Sogleich erfuhr ich, dass bereits ein freies Bett auf mich in dieser Klinik wartete, lediglich die Kostenzusage der Krankenversicherung galt es zu erringen. Zumindest sofern ich den schwindelerregenden Tagessatz nicht aus eigener Tasche zahlen wollte, was auch utopisch war. Schließlich handelte es sich um eine nicht ganz kostengünstige Adresse. Eine weitere, riesige Hürde für mich, denn letztlich befand ich mich in einem Zustand der Überforderung. Ich brachte es schlichtweg nicht fertig, einfachste Dinge zu organisieren. Das Schreiben eines simplen Einkaufszettels war eine immense Herausforderung. Aufstehen, einen Zettel suchen, einen Stift in der anderen Ecke finden, ehe ich überhaupt hätte schreiben können. All das war mit so unendlich vielen Befehlen an meinen Körper verbunden, für die allerdings jegliche Energie fehlte. Wenn schon das kaum klappte, wie sollte ich da in Kommunikation mit einer bürokratischen Versicherung treten, deren

Hauptaufgabe es vermutlich war, sich mit allen möglichen Zermürbungstaktiken dagegen zu sträuben, jene hohen Kosten zu übernehmen?

In diesem Zustand der völligen Leere, in dem ich seit der Diagnose nun den ganzen Tag auf der Couch sitzend, mit regungsloser Miene verbrachte, hatte ich schlicht keinerlei Antrieb mir selbst zu helfen. Es war unglaublich! Ich befand mich in dieser Hülle, in meinem eigenen Körper und konnte ihn einfach nicht in gewohnter Weise steuern. Selbst wenn mich dieser Umstand noch so ärgerte, es half nichts. Ich wusste, dass ich etwas tun wollte und musste, aber es ging einfach nicht!

Irgendwie schaffte ich es, mit einem Sachbearbeiter der Versicherung zu telefonieren, nachdem ich mich mehrere Tage mit dieser Aufgabe auseinandergesetzt hatte. Nach einigen weiteren Tagen erfuhr ich jedoch, dass das Urteil und eine konkrete Diagnose eines Facharztes oder eines Psychotherapeuten erforderlich waren, um die Kostenübernahmezusage zu erhalten. Schließlich gab es keine therapeutische Vorgeschichte, die auf einen nun erforderlichen stationären Aufenthalt in einer Klinik hindeutete.

So weit war das auch aus Sicht der Versicherung nachvollziehbar. Trotzdem zeigte sich hier das nächste Problem: Welchen Facharzt oder Therapeuten man auf diesem Gebiet auch anrief, einen

Termin bekam man frühestens sechs Monate in der Zukunft. Und das nur zum Vorgespräch! Einen Therapieplatz zu bekommen, hätte weitere Monate gedauert ...

Wie bitte?! Wie lange sollte ich denn nicht arbeiten? Und wer sollte mich ohne Diagnose derart lange krankschreiben? Meine Hoffnung auf Hilfe fiel wie ein Kartenhaus in sich zusammen. Was sollte ich denn nun machen? Mich von unserer vierzig Zentimeter hohen Terrasse stürzen, um mir irgendwas zu brechen, damit man auch sah, dass ich Hilfe brauchte?

Was bitte passiert denn mit Menschen, die am Rande ihres Daseins stehen? Also ... mit Leuten, die so richtig krank sind? So ... im Kopf und so ... Depressionen ... Burn-out ... all sowas! Mir ging es ja schließlich noch gut! Hier musste doch ein Fehler im System liegen! Aber alles Klagen half nichts.

Mit dem Ergebnis meiner Gespräche mit der Versicherung und mit letzter Kraft wandte ich mich wiederum telefonisch an die Klinik. Glücklicherweise erklärte sich der Oberarzt bereit, mich zeitnah zu untersuchen und darüber hinaus die Kommunikation zur Kostenübernahme mit der Versicherung zu übernehmen. Ein neuer Hoffnungsschimmer!

Ich ließ mich also mit Unterstützung aus dem Freundeskreis in die 150km entfernte Klinik fahren. Ich ließ mich untersuchen. Ich schaute mir die Klinik an. Es gab eine erste fachliche Diagnose: ›Depression‹ hieß es da in einer langen Beschreibung meines Zustands, eingerahmt in diverse Fachbegriffe weiterer Verdachtsmomente. Depression. Ich war also tatsächlich Banane! Verrückt ... Außer Kontrolle! Ein Psycho ... Verdammt! Das hier war echt.

Der Herr Oberarzt musste sich doch geirrt haben. Ich hatte keine Depression, war nicht Banane. Ich war nur etwas überlastet. Hatte er das denn nicht gesehen? Moment mal ... Hatte ich hier etwa den Bock zum Gärtner gemacht? Wollte dieser Herr Oberarzt mich etwa einfach nur in seine Klinik locken, um eifrig Geld an mir zu verdienen? Wollte er die Versicherung mit einer möglichst erschreckenden Diagnose von der Notwendigkeit meines Aufenthalts überzeugen? Depression! Was sollte das denn heißen? Wenn ich jetzt plötzlich solch eine Krankheit hatte ... Wer würde denn nun noch Versicherungen mit mir abschließen? Niemand! Das konnte nicht sein! Irgendwie war es aber auch egal, denn der Stein war ins Rollen gebracht worden. Irgendwas musste man ja nun mit mir machen. Sollten sie es also Depression nennen! Die würden schon irgendwann von allein merken, dass es so schlimm nicht war. Für Wortgefechte mit einem Fachidioten hatte ich jetzt jedenfalls keine Energie.

Noch während ich im Wartebereich der Klinik saß und mir das Treiben der Insassen so anschaute, wurde mir ganz anders. Die Gedankenspirale drehte sich wieder in eine neue Runde:

Eine psychische Krankheit? Depression? Burnout? Ich? Dieser Kinofilm, in den ich hier geriet ... Das war alles mehr als unglaublich! Es konnte doch nicht sein, dass ich meinen eigenen Kopf und Stimmung nicht mehr unter Kontrolle hatte!

›Was denken denn nun die Anderen? Ist das das Ende meiner beruflichen Laufbahn? Bin ich überhaupt heilbar? Hey, wenn nicht, dann mach ich eben Karriere als Zombie in der Geisterbahn, jawohl! Jedenfalls unterscheidet sich das Antlitz, das ich da jeden Morgen im Spiegel sehe, nicht wesentlich von einer oscar-reifen Horrorszene. Immerhin bin ich ja nicht allein, wenngleich ich langsam Angst vor all diesen Untoten hier in dieser Klinik bekomme. Und ich frage mich allmählich: Bin ich vielleicht genauso untot wie die?‹

Als wäre es nicht genug gewesen in diesen immer gleichen Gedanken und der untoten Hülle meines Körpers gefangen zu sein, wurde meine Verunsicherung zusätzlich sanft von einem Erlebnis auf der Kliniktoilette genährt. - Schließlich müssen auch Depressive mal pinkeln.

Während ich also vor der Keramik stand, um zu tun, was man vor der Keramik als Depressiver so tut, tippte mir von hinten ein Mann an die Schulter. Er war scheinbar Patient dieser Klinik.

»Ja, bitte?«, sagte ich freundlich in einer zugegeben auch für Depressive außergewöhnlichen Situation, mich selbst fragend, warum man einem Unbekannten IN EINEM KLINIKKLO, BEIM PROZESS DER MENSCHLICHEN BLASENENT-LEERUNG, ALS FOLGE EINER VORBILDLICHEN NIERENFUNKTION an die Schulter tippte. Ich meine ... immerhin funktionierten meine Nieren noch einwandfrei, das würde ich mir nicht auch noch nehmen lassen! Ich versuchte, ruhig zu bleiben, und lauschte erwartungsvoll der tiefen Stimme in meinem Rücken:

»Du bist neu hier, oder?«, wollte diese Stimme in langgezogenen Worten wissen, deren Klang im gekachelten Toilettenraum hinter mir widerhallte, wie in einem Spukschloss.

»Nö, nur zum Vorgespräch da«, antwortete ich freundlich.

»Du trägst einen Panzer um dich. Den musst du ablegen«, brummte die tiefe Stimme, die durchaus auch Ansager in der Geisterbahn hätte sein können.

»Ich bin Pazifist und hab mit Panzern nix am Hut. Was gab's denn heute zu essen?«, antwortete ich in ebenfalls langgezogenen Geisterbahn-Worten und packte unterdessen schnell in meinen Panzer, was es noch einzupacken galt, um nach einem kurzen

Zwischenstopp am Handwaschbecken die Flucht zu ergreifen.

Plötzlich fielen mir weitere Menschen im Gebäude auf, die sich echt komisch verhielten, ins Leere blickten oder hektisch umherliefen. Burn-out-Patienten? Nee, die hatten hier alle nicht mehr alle Latten am Zaun! Das hier war eine waschechte Klapse! Hier sollte ich wirklich hin? Hier stimmte doch was nicht! Zeit heimzufahren!

Verschwörungstheorien und blanke Panik

Um diese Erfahrung und eine Diagnose reicher wurde mir in den folgenden Tagen allmählich klar, dass ich vielleicht doch in die Klinik gehen musste, um schnell wieder gesund zu werden. Ich kam nicht umhin die Worte des Oberarztes ernst zu nehmen, ganz gleich welche anderen Krankheitsbilder in diesem Haus noch behandelt wurden. Ich musste mich einer Therapie öffnen und aktiv mitarbeiten. Objektiv betrachtet, war ich zumindest optisch nah dran an diesen Untoten. Jedenfalls ... Naja ... So ganz ›knusper‹ sah mein Spiegelbild nun nicht aus.

Vielleicht hatte ich einfach nur einen gewissen Vorteil, da ich diesen Teil der Selbstbetrachtung noch nicht verloren hatte. Würde ich aber nichts tun, konnte mir dieser ›Joker‹ vielleicht auch abhandenkommen. Dennoch war ich voller Angst. Ich sagte zu Nadja, dass ich der Familie wegen in diese Klinik gehen würde. Aber sie konnte sich auch darauf verlassen, dass ich mich ruckzuck in meinem Auto und damit in Richtung Heimat befinden würde, sollte ich feststellen, dass ich dort unter Verrückten, wie jenem Geisterbahnansager aus dem Klinikklo hausen musste!

Unschönerweise trat am nächsten Tag jedoch ein, was nicht hätte passieren dürfen: Aufgrund ›diverser Engpässe‹ im Fuhrpark der Firma wurde ich gebeten, den Dienstwagen zur Verfügung zu stellen – schließlich wäre ich ja ohnehin nun für mehrere Wochen in Behandlung. Das hatte man mir nach einstündigem ›sorgenvollen‹ Gespräch vermitteln wollen. Allerdings hatte es wohl eher den Sinn, die Auto-Botschaft edel zu verpacken. Sei es drum ...

Meine Handflächen wurden feucht. Hatte ich nicht gestern noch gesagt, ich wolle in den Wagen steigen, sofern die Klinik schrecklich wäre? Und dann diese Nachricht heute? Ich witterte eine Verschwörung. Hier stimmte doch was nicht! Wollte mir meine eigene Ehefrau vielleicht gar die Mobilität nehmen, um mich möglichst lang in dieser Klinik, mitten im nirgendwo, festzuhalten? Hatte sie sich dafür heimlich mit meinem Arbeitgeber abgesprochen? Der Engpass im Fuhrpark nur ein Vorwand? Was ging hier vor? Hielt man mich eventuell für verrückt? Nahm man mich überhaupt noch ernst? Versuchte man, Entscheidungen für mich zu treffen, mich zu entmündigen?

Ich hatte mich noch nie im Leben derart einsam gefühlt, wusste nicht, wem ich noch trauen konnte oder wer mich gar für unzurechnungsfähig hielt. Ich trug die blanke Panik in mir, traute mich aber nicht, darüber zu sprechen. Vielleicht würde man noch drastischere Maßnahmen einleiten, wenn man bemerkte, dass ich erkannte, was da vor sich ging. Ich hatte Angst, sogar selbst nicht mehr beurteilen zu können, ob ich mich noch normal verhielt. Was wäre, wenn ich völligen Unsinn redete, ohne es selbst zu bemerken? War meine eigene Reaktion in diesem Moment normal oder war ich dünnhäutig und paranoid? War das Teil der Krankheit?

Bertolt Brecht hatte in anderem Kontext einmal gesagt:

»Unsichtbar wird der Wahnsinn, wenn er genügend große Ausmaße angenommen hat.«

Traf das nun auch auf mich zu? War ich vielleicht doch verrückt? So sehr, dass ich es nicht mehr beurteilen konnte? Hatte ich eventuell eine völlig verzerrte Selbstwahrnehmung? Hatte Brecht das

34

überhaupt gesagt? Ich hielt inne. Ich fühlte mich unendlich einsam in meiner Lage, in der ich nicht wusste ob ich mir selbst, Bertolt Brecht oder irgendwem anders auf dieser Welt noch trauen konnte. Ich sprach nur wenig, um nicht Gefahr zu laufen, noch verrückter zu erscheinen, als es ohnehin schon der Fall war.

Zwei Tage lang hielten dieses Gefühl und mein Schweigen an. Bis ich eines Morgens am Arbeitszimmer unseres Hauses vorbeilief, in dem Nadja telefonierte. Was tat sie da? Eine neue Verschwörung einleiten? Bestellte sie vielleicht gar eine aufblasbare Gummizelle und eine Zwangsjacke gratis dazu? Nein, das tat sie nicht. Nein, sie tat genau das Gegenteil! Sie telefonierte sämtliche Leihwagenfirmen durch, um mir für möglichst wenig Geld ein Auto vor die Klinik stellen zu können, selbst wenn ich es gar nicht benutzen würde. Damit ich diese Sicherheit hatte, im Notfall flüchten zu können. Sie tat es nur für mich. Sie wusste, dass ich nur dann in der Klinik bleiben würde, wenn ich die Freiheit bekam, jederzeit und unkompliziert gehen zu können. Sie wusste, dass meine Freiheit und Eigenverantwortung jene Dinge waren, die man mir auch in der Krankheit nicht nehmen durfte. Das rührte mich. Und ich schämte mich. Ich schämte mich dafür, ihr misstraut zu haben, wo sie doch Himmel und Hölle in Bewegung setzte, um mich in gute Hände zu bringen. Dies war der Moment, in dem ich ihr sagte, dass ich auch ohne Auto in die Klinik gehen würde. Ich hatte mein Vertrauen in sie zurückgewonnen.

Vier Wochen saß ich nun schon zu Hause. Bereits deutlich erholt und in der Lage, simple Dinge im Haushalt zu erledigen, spazieren zu gehen und mit den Kindern zu spielen. Da gab es jedoch den nächsten Dämpfer: Über die Nachrichtenticker lief der Absturz eines Linienflugzeugs in den Alpen. Die Trümmer waren noch nicht abgekühlt, schon berichteten die ersten Boulevardreporter bereits über einen Copiloten mit depressiver Vorgeschichte, der einen – so die Medien – ›einhundertneunundvierzigfachen Mord‹ begangen haben sollte.

Mich schockierte diese Vorverurteilung, sie machte mich wütend. Klar, dieser Absturz, sollte er wirklich vorsätzlich herbeigeführt worden sein, war mit nichts zu rechtfertigen. Dennoch beschäftigte sich zu diesem Zeitpunkt niemand damit, was diese Tragödie wohl verursacht haben könnte. In der Situation, in der ich mich befand, traf mich das ganz besonders hart. Depressiv zu sein bedeutete offenbar in der Öffentlichkeit, ein potenzielles mordendes Monster zu sein oder dazu werden zu können. Aber um dies zu beurteilen, waren weder ich noch die Medien in der Lage! So viel war mir schon jetzt in meiner Situation klar. Diese Vorverurteilung zu diesem Zeitpunkt war schlicht und ergreifend schockierend, wenn man mit der unbehandelten

36

Diagnose ›Depression‹ auf der Couch saß und sich das alles ansehen musste, da man ohnehin nicht wegschauen konnte.

Was auch immer der Grund gewesen war: Dieses Ereignis machte mir noch mehr Angst vor meiner Krankheit und auch vor mir selbst: Wie war der Mann an diesen Punkt gekommen, sofern es wirklich ein Suizid war? Stand ich womöglich auch am Anfang eines solchen Wegs? War es nun vorprogrammiert oder konnte man diese Entwicklung noch aufhalten? Ich hatte Angst, war verwirrt. Immer wieder hatte ich in den letzten Jahren von prominenten Suiziden gehört, die mit einer Depression in Verbindung standen. Es war diese Angst, nicht mehr gesund werden zu können, die in mir brodelte.

Startschuss

Zu jener Angst gesellten sich nun auch noch finanzielle Sorgen. Bald würde die fünfte Woche der Arbeitsunfähigkeit anbrechen. Nach sechs würde der Arbeitgeber kein Gehalt mehr zahlen müssen. Es gab weder eine gesicherte Diagnose noch eine Behandlung. Also würde auch die Krankentagegeldversicherung nicht einspringen. Eine Rückkehr an meinen Arbeitsplatz war jedoch blanke Utopie. Genauso unrealistisch war es darüber hinaus in die Schlacht um mein Recht zu ziehen. Dazu war keinerlei Energie vorhanden. Ach ja ... und ich hatte ja noch nicht mal ein Auto!

Eine ausweglose Situation, hätte sich nicht eine rettende Nachricht im Briefkasten befunden: Die Krankenversicherung hatte zwischenzeitlich mit meiner Zustimmung die Meinung eines Gutachters, eines medizinischen Beraters, eingeholt. Offenbar war auch dieser der Ansicht, dass ich tatsächlich krank und dringend therapiebedürftig war. Um zu dieser simplen Erkenntnis zu gelangen, mussten allerdings fünf Wochen vergehen. Fünfunddreißig Tage der Verwirrung, des Misstrauens und der blanken Angst. Fünf Wochen in denen ich meine Krankheit und deren Schweregrad absolut nicht einordnen konnte. Eine halbe Ewigkeit des leeren Dreinblickens von der Couch. Aber auch fünf Wochen der ersten Besserung, des Kraftsammelns.

Wie auch immer: Die Kostenübernahmezusage der Krankenversicherung war da. Schon in der darauffolgenden Woche konnte ich in die Klinik gehen.

Der Klinikaufenthalt
Tag 1

Tja, da bin ich nun. Ich bin tatsächlich in einer psychosomatischen Klinik, im grünen Nichts zwischen Bielefeld und Hannover gelandet. Für mein Bauchgefühl bin ich ziemlich weit unten, in unmittelbarer Nähe des Bodens, des Kaffeesatzes des irdischen Lebens unserer Leistungsgesellschaft angekommen. Klingt wenig objektiv und ist sicherlich theatralisch, spiegelt aber eindeutig das wider, was in mir vorgeht. Ich bin mit einer Menge von Gepäck angereist, die auch für eine Welttournee ausgereicht hätte: Gitarren, Kabel, Technik. Damit bloß keine Langeweile aufkommt in den nächsten Wochen! Vielleicht hält man mich deshalb für komplett bescheuert, aber hey, darum geht's hier ja, oder?

Was mich hier erwartet, ist zunächst mal ein flacher Gebäudekomplex, der mit vielen Glasflächen in eine Parkanlage eingebettet ist, die sich wiederum im Weserbergland wiederfindet. Hier gibt es so gut wie nichts, außer Rehe und Füchse. Nicht mal guten Handyempfang! Dafür wahrscheinlich aber Bären ... Naja ... Waschbären vielleicht.

Es ist halt echt ›naturbelassen‹ hier. Dennoch ist dieser Komplex eine Mischung aus Hotel, Seminarcenter und Krankenhaus. Alles ist geordnet, aber eben nicht gänzlich steril, was die Atmosphäre angeht. Es gibt ein Restaurant, eine Sauna, Billard und Tischtennis. Neben dem Hauptgebäude mit Empfang und Aufnahmestation, befinden sich weitere Gebäude mit etwa sechzig Patientenzimmern, die wie ein gutes Business-Hotel eingerichtet sind. Eine große Dusche, Flatscreen, Bett, Terrasse oder Balkon – alles, was man braucht, um es hier auch längere Zeit auszuhalten. Direkt daneben finden sich Gestaltungs- und Gruppenräume sowie Büros der Einzeltherapeuten. Klein, aber fein und alles verbunden durch lange, verglaste Gänge. Wo man auch hinsieht, dominiert die grüne Landschaft den Ausblick. Es ist schön! Aber eben auch sehr still, so viel ist sicher. Genauso still wie mein Handy in diesem Funkloch. Es ist zum Verrücktwerden!

Ich befinde mich auf der besagten Aufnahmestation, wie jeder Neuankömmling. Sie erinnert noch eindeutig mehr an ein Krankenhaus und soll mir ›die Wege verkürzen‹. Schließlich, so ein freundlicher Mitarbeiter der Klinik bei dem Vorgespräch, gebe es ja sehr viele Untersuchungen in der ersten Zeit.

»Ist klar! Natürlich! Wege verkürzen!« Das ist es, was mir durch den Kopf schießt, wenn ich dieses Gerede höre. Wer nicht komplett Banane ist, weiß spätestens mit der Nachricht, dass man sich im Sichtfeld der Schwestern aufzuhalten hat, dass man hier beobachtet und kategorisiert wird. Ist er süchtig? Will er sich das Leben nehmen? Übergibt er sich? Wird er türmen? Beobachten wir ihn! Es scheint kein Zufall zu sein, dass es in den Zimmern der Aufnahmestation keinen Teppichboden gibt. Zu meiner eigenen Sicherheit, so der Plan, werde ich also aufpassen, wie ich mich verhalte und was ich sage. Versehentlich in die falsche ›Therapie-Schublade‹ gesteckt zu werden, könnte jedenfalls fatal und wegweisend für meine weitere Behandlung sein. Bin ich nun etwa auch noch paranoid? Inzwischen weiß ich fast selbst nicht mehr, was hier Wahn und was Wirklichkeit ist. Irgendwie ist dieser ›Kinofilm‹ ohnehin komplett unwirklich.

Es sind nun also andere Menschen, die meinen Tagesablauf organisieren, die bestimmen wohin ich wann zu gehen habe. Menschen, die ich nicht kenne und die noch dazu Geld mit meinem Aufenthalt verdienen. Mir drängt sich wieder das ›Bock-zum-Gärtner-machen-Bild‹ auf. Schließlich verdient man umso mehr Geld an mir, je länger ich hier bin. Wie werde ich also beurteilen können, wann es wirklich

Zeit ist zu gehen, oder wann man nur noch ein wenig mehr Geld mit mir verdienen möchte? Es gibt ja immer noch etwas an einem Menschen zu therapieren.

Bevor ich aber den sprichwörtlichen Teufel an die Wand male, komme ich wohl besser erst einmal hier an. Es sei gesagt, dass alle Mitarbeiter dieser Klinik außerordentlich freundlich, respektvoll und zuvorkommend mit mir umgehen. Ich bin hier in erster Linie Hotelgast und nebenbei Patient, so scheint es.

Dennoch, mein Sahnehäubchen des heutigen Tages findet sich im medizinischen Check-up: So gab es nicht etwa einen Willkommens-Cocktail. Den hätte ich auch nicht erwartet. Allerdings hätte ich auch nicht erwartet, dass ich als erstes zum Alkoholtest antreten sollte:

»Einmal pusten, bitte!« »Nullkommanull, Dankeschön!« »Urin und Blut, bitte!« »Vielen Dank!« »Bitte in Unterwäsche antreten, den Finger bei geschlossenen Augen an die Nase führen, auf einem Bein stehen!« »Alles ok, danke!«

»Herr Mette, wir hätten hier noch diese Tütchen für Sie. Die sind für Stuhlproben, die sie bitte mehrere Tage in Folge an uns abgeben. Wie es funktioniert, entnehmen sie bitte der Beschreibung auf der Rückseite.«

»Ist 'n Scherz, oder? Das soll ich nicht wirklich machen, oder?«

»Doch.«

»Warum?«

»Das ist eine Standarduntersuchung. Wir möchten sicher sein, dass Sie physisch gesund sind.«

»Ich bin gesund und entnehme gar nichts irgendeiner Rückseite.«

»Sie sind hier. Wären Sie in einer Klinik, wenn sie ganz sicher gesund wären?«

»Na und?! Ich habe vielleicht eine kleine Macke. Was hat das bitte mit meinem Gang zur Toilette zu tun?!«

»Herr Mette, bitte überlegen Sie es sich. Sie können auch gern mit dem Arzt darüber sprechen.«

»Über meinen Stuhlgang?«

»Ja.«

»Nein!«

Über den weiteren Verlauf dieses Themas möchte ich nicht berichten ...

Bin ich hier bei der Einschulungsuntersuchung, oder was? Geht's noch? Ich kam weder als Suchtkranker, noch als irgendwie körperlich eingeschränkter Typ hierher. Ich hab lediglich einen kleinen Dachschaden, der behoben werden muss, Mädels! Naja, sie werden halt so einiges ausschließen müssen, bevor sie sich dem eigentlichen Problem widmen können. Das ist ja verständlich. Man will ja kein therapeutisches Hochhaus auf Sand bauen. Aber auch meine Bereitschaft mitzuwirken kennt Grenzen.

Diese kleinen Dinge, diese Untersuchungen machen jedoch etwas mit mir. Es sind in dieser Ausnahmesituation viele kleine Nadelstiche, die auf mich einprasseln. Ich fühle mich entmündigt, bevormundet und gedemütigt. Ich muss mich den bestehenden Prozessen der Klinik fügen, gestalte mein Leben nicht mehr selbst. Natürlich kann ich jederzeit abreisen: Ich habe Plastikgeld dabei, bin ein freier Mensch, kann wie jeder Patient einfach aus dem Behandlungszimmer spazieren, aber was ist meine Alternative? Eine ambulante Therapie, auf die ich ein Jahr lang warten muss? Wie lang soll ich denn arbeitsunfähig bleiben? Ich habe also keine echte Alternative! Nicht um meiner Familie und auch nicht um meiner selbst willen. Ich muss da durch, auch wenn mein Freiheitsdrang und Ego mir etwas Anderes sagen wollen.

Tag 2

||

Ich pumpe Adrenalin. Ich laufe den ›für die Schwestern einsehbaren Bereich‹ in der Klinik auf und ab, wie ein Tiger im Käfig, immer begleitet von meinen zwei Mobiltelefonen, die in diesem Nirgendwo ohnehin keinen Empfang haben. Beiseitelegen kann ich sie trotzdem nicht, schaue immer wieder nach neuen Nachrichten. Ich bin schrecklich aufgebracht, denn meine schlimmsten Befürchtungen zum Aufenthalt in dieser Klinik sind eingetreten. Nicht nur, dass ich mich auch nach der ersten, nahezu schlaflosen Nacht noch immer bevormundet und in meiner Freiheit eingeschränkt fühle, nein, auch meine Leidensgenossen – ich nenne sie liebevoll ›die Mitgefangenen‹ – sind ›interessant‹. So zumindest würde es Commander Spock auf dem Raumschiff Enterprise diplomatisch formulieren.

Es gibt Suchtpatienten. Gut, das war zu erwarten. Ich bin auch nicht verwundert darüber, dass eine gleichzeitig mit mir angekommene Patientin überhaupt nicht einsah, ihren ›gelegentlichen‹ Drogenkonsum zu beenden, denn sie wollte ja nur eine Depression behandeln lassen! Auch ihr Gepäck wollte sie dem Klinikpersonal nicht öffnen, weshalb sie gleich wieder abreiste. Die Sache mit dem Gepäck blieb mir als Nicht-Süchtiger glücklicherweise erspart. Eiskalt erwischt hat mich heute jedoch ein anderer Fall: Als der betroffene Patient, oder Mitgefangene, mir ganz ruhig und trocken von seiner Krankheit erzählte, traute ich meinen Ohren nicht. Hier offenbarte mir jemand eine ganz andere Sucht. Dieser jemand war süchtig nach Sex! Eine Sekunde lang hielt ich das Gesagte für einen Scherz, schließlich gibt es sowas gemäß meiner Lebenserfahrung ja nur im Fernsehen, oder in der männlichen Phantasie in Form von gutaussehenden Jungfrauen, die keine Jungfrauen mehr sein wollen.

Kurz bevor ich eine Miene verzog und einatmen konnte, um gekonnt mit einem lockeren Kneipenspruch der Kategorie ›Respekt, die Ausdauer möchte ich auch mal haben‹ zu reagieren, sah ich Gott sei Dank seinen versteinerten Gesichtsausdruck. Unglaublich! Das war echt! Dieser Mann litt tatsächlich unter einer Sucht, einer echten Krankheit, was ihn in eine schwere Depression gestürzt und in diese Klinik geführt hatte.

Das alles nimmt mich mit. Der Spaß ist vorbei, noch bevor er angefangen hat. Das wird hier kein Spaziergang werden, so viel steht fest.

Andere Patienten haben Angststörungen, Traumata und schwere Depressionen aus verschiedensten Gründen. Sie sind teilweise suizidgefährdet oder haben entsprechende Versuche bereits hinter sich. Manche blicken auf eine teils jahrzehntelange Depressionskarriere zurück, die sich in den allermeisten Fällen mit körperlichen Symptomen, wie Herzrasen, Schlaflosigkeit, Panikattacken oder Schmerzen in den unterschiedlichsten Bereichen des Körpers paart. Und das sieht man! Man merkt es ihnen an. Sie starren ins Leere, haben Ticks oder verbissene Gesichtsausdrücke. Andere sprechen und benehmen sich wie Kinder. Wiederum gibt es Patienten, die einfach nur still und verängstigt sind, nahezu unsichtbar. Eines ist jedoch den meisten gemein: Die Hoffnungslosigkeit und Hilflosigkeit steht ihnen ins Gesicht geschrieben.

Man muss jederzeit damit rechnen, dass etwas passiert. Sei es ein Zusammenbruch in Form extremen Weinens am gemeinsamen Esstisch, oder das überschwängliche Umarmen anderer Patienten aus Dankbarkeit, verbunden mit Sätzen wie »Danke, dass Du für mich da bist. Du bist ein guter Mensch!«

Manchmal fängt jemand lauthals an zu lachen, oder kichert leise vor sich hin. Leider hat zuvor jedoch niemand etwas Witziges getan oder gesagt. Auf der anderen Seite sind das alles Menschen, die ich nicht mit dem Klischee von ›Verrückten‹ beschreiben kann. Nein, wir haben es hier mit gebildeten Menschen, mit ganz normalen Lebenswegen zu tun, wie es scheint. Und genau diese

Menschen benehmen sich aus heiterem Himmel für wenige Augenblicke sehr wunderlich. Das schüchtert mich ein.

Damit habe ich in dieser Ausprägung nicht gerechnet. Das ist zu viel! Zu viele unberechenbare Emotionen auf einmal. Das setzt mich unter Stress und ich kann mich dessen nicht verwehren. Ich hatte damit gerechnet, auf überarbeitete Manager zu treffen, die einfach mal abschalten müssen. Eine illustre Runde von Leidensgenossen, mit denen ich mich über unsere gemeinsame, geradezu lächerliche Situation in Selbstironie auslassen kann. Stattdessen habe ich es mit Menschen zu tun, die echte Probleme haben und fühle mich aufgrund dieses ungeheuren Leidensdrucks der anderen in die Ecke gedrängt. Ich habe das Gefühl, mir stetig den Rücken freihalten zu müssen, immer bereit aus einer kritischen Emotionssituation eines Mitgefangenen zu entkommen. Was nur, wenn die Meute herausfindet, dass ich gar nicht so krank bin, wie sie? Oder bin ich es doch und merke es nur nicht?

Ich habe Angst. Ich habe Angst, mit diesen Emotionen anderer, mir fremder Menschen konfrontiert zu sein. Was, wenn ich eine komplett falsche Selbstwahrnehmung habe und ähnlich schwer erkrankt bin? Ich habe Angst, diese Klinik traumatisierter zu verlassen, als ich sie betreten habe. Ich habe Angst, verrückt im Sinne einfältigster Klischees zu sein, oder zu werden. Was bin ich und was tu ich hier in dieser ›Anstalt‹, wo es doch so viele Härte-fälle gibt? Das alles lässt meinen Adrenalinpegel steigen.

Ich schwitze. Ich verbrauche derzeit mehr Deo in einer Stunde, als die Industrie an einem Tag produ-zieren kann. Ich will hier raus! Das scheint nicht der passende Ort für mich zu sein, da ich doch hoffent-lich nur eine kleine, minderschwere Fehlfunktion habe und nur einmal zur Ruhe kommen muss. Das ist hier zu intensiv für mich und macht mich fertig.

Noch dazu ist es hier, wie im Wartezimmer eines Hausarztes, in dem diverse Senioren sitzen. Es ist ein stetiger Vergleich der verschiedenen Leiden im Gange und kommt mir vor, als würde ein Wettstreit entflammen, den man wohl auch als ›Schwanzver-gleich‹ betiteln könnte, sobald sich mehrere Menschen zusammenfinden. Ein Wettstreit über den größten Leidensdruck und das abgefahrenste Krank-heitsbild. Der eine hat dies, der andere hat das. Ein Dritter meldet sich zu Wort und kontert mit noch viel dramatischeren Leiden. Ob sie nun der Wahrheit entsprechen, oder nur Hirngespinste eines kranken Individuums sein mögen, kann ich nicht beurteilen. Und ich Trottel beteilige mich sogar daran, um über-haupt mit irgendwem zu reden.

Je mehr ich mir dieses Spielchen betrachte, umso mehr gewinne ich den Eindruck, dass es zwei Gruppen von Depressiven geben könnte: Die eine

Gruppe lebt in ihrer Krankheit, ohne es bewusst wahrzunehmen. Hier scheint die Depression Lebensinhalt und Mittel zu sein, sich selbst darzustellen. Sie scheint Teil der eigenen wahrgenommenen Identität zu sein. Die andere Gruppe wiederum fällt durch eine Art Feuer in den Augen, ein starkes Ego auf, das zwar geschwächt sein mag, aber dennoch deutlich für mich wahrnehmbar ist. Diese Gruppe sieht die Depression offenbar als lästige Krankheit an und möchte sie mit aller Kraft ausmerzen. Zu dieser Gruppe fühle ich mich hingezogen und zugehörig. Aber sie ist klein.

Es gibt den einen oder anderen Manager oder Arzt unter den Patienten, den ich aus meiner absolut ungeschulten Sicht als klassischen ›Burn-out-Patienten‹ ansehen würde. Und hey, es gibt hier auch Prominenz aus dem Musikbereich. Das gehört zu den positiven Dingen, die die Zeit ein wenig interessanter machen, wenngleich hier völlig egal ist, ob man nun prominent oder sonst wie erfolgreich oder erfolglos ist. Diese Krankheiten kennen keinen Unterschied, zwischen Held und Normalo und genau das fühlt sich auch irgendwie gut an.

Es ist mir unmöglich, mich vor all dem Leid, das ich hier sehe, zu verstecken. Ich kann nicht allein im Zimmer sitzen, komme nicht mit dieser Einsamkeit und Untätigkeit zurecht. Stattdessen bewege ich mich in den öffentlichen Bereichen der Klinik, treffe hier aber immer wieder nur auf jene Lebensgeschichten und schwere Schicksale. Ich fühle mich unter den vielen Kranken völlig isoliert, sehe mich stetig gezwungen, mich mit ihnen zu vergleichen. Ich will das alles nicht, will flüchten. Warum setzt man mich diesem Horror aus, wo ich doch gerade alle Energie aufbringen möchte, mir selbst zu helfen?

Das Umfeld, also die Klinik, könnten besser kaum sein, aber meine Mitgefangenen machen es mir durch ihr bloßes Dasein und ihren ganz eigenen Kampf gegen die Krankheit schwer, es mir selbst leicht zu machen. Es fühlt sich an, als hätte man einen reichhaltigen Frühstückstisch für meine Familie und mich hergerichtet, nur steht dieser mitten auf einer Intensivstation, auf der Patienten mit dem Tode ringen. Es ist beklemmend. Wie soll ich denn hier gesund werden?

Zu diesem bedrückenden Gefühl hat auch die Ärztin beigetragen, die die heutige Visite durchführte. Auf die obligatorische Frage, wie lang ich für die Therapie einplane, antwortete ich:

»Ich hoffe, dass ich nach vier Wochen ein Handwerkszeug erarbeitet habe, dass es mir erlaubt, selbst oder aber ambulant weitermachen zu können. Mir ist klar, dass es aber auch länger dauern könnte.« Ich erntete für den Terminus ›vier Wochen‹ bereits ein höhnisches Grinsen. Ganz ehrlich, Frau Doktor: Sie haben es mit Patienten zu tun, die sich nicht gerade auf Höhepunkt des emotionalen Daseins befinden. Und vor allem Sie sollten die Professionalität mitbringen, diese Patienten nicht auch noch durch solch amateurhaftes Verhalten zu verunsichern. Diese kleinen Dinge könnten einen sehr profitablen Patienten nämlich durchaus zur zeitnahen Abreise bewegen und die Kasse klingelt nicht mehr! Nicht, dass sie demnächst noch in einem ›gewöhnlichen‹ Krankenhaus arbeiten müssen, Frau Baronin. Hohe Rösser können eben auch gefährlich sein ...

Dennoch: Die objektive Stimme in mir sagt nach wie vor, dass ich keine Alternative habe. Verlasse ich die Klinik, so schwindet meine einzige Möglichkeit, zeitnah behandelt und geheilt zu werden. Meine Chance, in absehbarer Zeit wieder zu arbeiten und für meine Familie sorgen zu können. Ich muss durchhalten! Naja, und immerhin bekomme ich bisher keinerlei Pillen zum Schlafen und auch keine Antidepressiva. Ich scheine also noch in einer guten Verfassung zu sein.

Tag 3

Heute ist ein guter Tag! Es geht mir besser, fühle mich kräftiger und habe wieder einen aufrechteren Gang. Ich habe eine Strategie entwickelt, mich zumindest teilweise gegen das mich umgebende Leid abzugrenzen, bis vielleicht ein Gewöhnungseffekt eintritt. Ich nenne es ›die Dschungelcamp-Taktik‹. Ich beziehe imaginär meine Liege in besagtem TV-Dschungelcamp und verlasse diese auch nicht. Vielmehr betrachte ich das Schauspiel fortan aus sicherer Distanz. Ich schaue mir an, wie meine Mitkandidaten agieren, sich gegenseitig ›nominieren‹ und ihre Konflikte austragen. Soll sich die Mannschaft erst einmal selbst zerfleischen und eklige Dinge essen, ehe ich überhaupt ins Spielgeschehen eingreife. Bis dahin habe ich genug Informationen zu den einzelnen Kandidaten gesammelt und bin besser in der Lage auf sie zu reagieren, um abschließend Dschungelkönig zu werden. Jawohl! Heilige Metapher, heiliger hinkender Vergleich ... Naja, immerhin hilft's mir im Moment.

Übertragen auf die Realität und meine Situation bedeutet es jedenfalls, dass ich ›offensiv defensiv‹

geworden bin. Ich versuche, mich damit in der kurzen Zeit meines bisherigen Aufenthalts in der Klinik anzupassen, sodass ich diese möglichst gut durchstehe. Ich bewege mich weiterhin im öffentlichen Raum, um nicht gänzlich allein zu sein, jedoch gehe ich freundlich, aber bestimmt jenen Menschen aus dem Weg, deren Leid ich nicht hören möchte. Ich suche mir selbst die Leute aus, mit denen ich spreche und erliege nicht mehr dem Irrtum, mir aus Höflichkeit jede Geschichte anhören zu müssen oder die meinige zu erzählen. Sollten sich die Konfrontation und der besagte die ›Schwanzvergleich‹ nicht vermeiden lassen, sage ich einfach, dass ich einen Zusammenbruch erlitt, nachdem Jürgen Klopp den Ausstieg beim BVB bekanntgab. Das ist jedenfalls eine kurze, schlüssige Geschichte in diesem Umfeld. Kurz, prägnant, nachvollziehbar. Genau das, was ich hier brauche!

Problematisch ist das allerdings in der Gruppentherapie: Hier bin ich Teil einer festen Gruppe. Menschen, die ich mir nicht aussuchen durfte und deren Leid ich mir anhören muss. Und ausgerechnet hier soll ich mich auch noch selbst öffnen? Geht's noch? Ich soll wildfremden Menschen erzählen, was mich bewegt? Die sollen in meinen persönlichen Tanzbereich vordringen dürfen? Nix da! Dieses Problem gilt es noch zu lösen. An dieser Stelle muss ich noch eine Abgrenzungsstrategie entwickeln. Kommt Zeit, kommt Rat.

Insgesamt erinnern mich diese Gruppentherapien momentan an Business-Seminare zur Teambildung, oder an Gruppenarbeiten in der Schule. Das Gefühl, das ich damit verbinde, ist ›notwendiges Übel‹. Irgendwie werde ich mit der mir zugeteilten Gruppe wohl produktiv werden müssen. Das ist allerdings nicht das, was ich mir unter einem guten Umfeld für meine Genesung vorstelle. Eigentlich hätte ich gern mehr Individualtherapie.

Ein klärendes Gespräch mit meiner Einzeltherapeutin hat mich zumindest nicht weitergebracht. Die Gruppen sind einfach Teil des Konzepts. Ich kann ihnen nicht aus dem Weg gehen. Allerdings hat meine inzwischen zweite Einzeltherapiesitzung meiner Interpretation nach ergeben, dass ich offenbar in meiner Selbsteinschätzung nicht ganz falsch liege. Ich scheine zunächst kein besonders außergewöhnlicher Fall zu sein, bin nicht ›verrückt‹. Das beruhigt und motiviert mich. Hey, ich bin vielleicht reparabel! Jedoch bleibt das ungute Gefühl, dass mir das nur erzählt wird, um mich bei Laune zu halten.

Ein weiterer Punkt, der mich zu Höchstleistungen antreibt, ist ein Stück gewonnene Freiheit. Mein Aufnahmestatus wurde vorzeitig aufgehoben, ich darf ein ›normales‹ Hotelzimmer innerhalb der Klinik beziehen. Ich stehe also nicht mehr unter Beobachtung und kann mich frei bewegen. Auch das ist ein Zeichen für mich, dass ich zumindest nicht komplett verwirrt sein kann.

Zudem erlange ich derweil die Fähigkeit, jene Mitgefangenen herausfiltern zu können, deren Krankheitsgrad, Typ Mensch und Humor zu mir passt. Ich habe also Menschen gefunden, mit denen ich mich ›gefahrlos‹ im Sinne meiner Adrenalinausschüttung umgeben und austauschen kann. Und entgegen des ersten Eindrucks, scheint es doch mehr von dieser Sorte Mitgefangener zu geben, als ich zunächst angenommen hatte. Ich bin also nicht allein unter Schwerstkranken.

Tag 4

Ich bin genervt! Moment! Bin ich wirklich genervt oder eher sauer? Ich weiß es nicht so genau, aber ich habe dieses Kribbeln im Bauch, dieses Gefühl der Unruhe.

Das mag sicherlich auch mit der Tatsache einhergehen, dass Wochenende ist. Es ist Samstag und der Klinikbetrieb ist deutlich eingeschränkt. Zwar gab es heute eine Gruppentherapiesitzung und eine Arztvisite, aber das waren auch schon die einzigen Programmpunkte des heutigen Tages, wenn man mal von den Mahlzeiten absieht. Ich hatte und habe also ausreichend Zeit mich mit mir und meiner Situation zu befassen. Nicht, dass ich besonders wild darauf wäre an einer dieser Gruppentherapien oder Entspannungsübungen teilzunehmen. Im Gegenteil: Irgendwie hat es inzwischen auch einen gewissen Charme, einfach nur die selige Ruhe genießen zu können, dennoch könnte ich die Zeit doch viel sinnvoller nutzen, um in der Einzeltherapie irgendwelche Fortschritte zu erzielen!

Und genau hier liegt der Grund für meine Unruhe: Ich saß bereits 6 Wochen zu Hause auf meinem Allerwertesten und durfte mich ausführlich mit mir selbst befassen, weil irgendwelche bürokratischen Prozesse und ausgebuchte Therapeuten verhinderten, dass ich behandelt werde. Ich habe mir also bereits ausführlich Gedanken darum gemacht, was mit mir nicht stimmen könnte. In meinen ersten Einzeltherapiesitzungen hat sich gezeigt, dass ich hiermit absolut nicht auf dem Holzweg wandle. Und nun? Nun sitze ich hier seit vier Tagen bei den Profis und bin nicht einen Schritt weitergekommen!

Wo bitte sind die Lösungsansätze? Wie biegen wir mich bitte wieder zurecht? Warum sitze ich hier im Foyer der Klinik und kann nichts tun, als abzuwarten? Alle anderen hatten in den letzten Tagen ein volles Programm von sechs bis acht Stunden Therapie, ich hingegen sitze die meiste Zeit über einfach nur herum. Bin ich zu gesund oder was? Wofür bekommen die hier so viel Geld? Ja, ja, angeblich sei es normal, in der ersten Woche nicht so viel Programm zu haben, um erst einmal ›ankommen‹ zu können. Aber ich brauche das nicht! Ich will endlich anfangen gesund zu werden, Freunde!

Jeder Therapeut wird schmunzeln, wenn er diese Zeilen liest. Ja, ich versuche noch immer, meinen Aufenthalt effizient zu gestalten, Ziele zu setzen und diese möglichst schnell zu erreichen. Ich ruhe NICHT in mir selbst und schaffe es auch NICHT, das bloße Sein zu genießen. Und soll ich euch was sagen, liebe Therapeuten? Ich könnte euch für euer Schmunzeln in den Arsch treten! Ja, ich habe ARSCH geschrieben! Ich weiß selbst sehr genau, dass ja exakt dieses Verhalten des effizienten Planens Teil des Problems ist, aber so bin ich nun einmal! Ich kann´s nicht lassen! Und ich sitze hier allein mit mir selbst und keiner hält es für nötig, mir zu zeigen, wie ich das abstellen kann!

Ja, ich weiß, auch diese Selbsterfahrung gehört zur Therapie. Und sie ist die pure Hölle, kostet Kraft und Adrenalin. Jede Gefühlsregung, die ich euch anvertraue, jedes Unbehagen zu dem ich euch befrage, wie ich es verdammt noch mal abstellen kann: Es gehört dazu. Kein Schwein hilft mir, es auszuradieren. Ja, die Konfrontation mit mir selbst und das aktive Erfahren gehören zur Therapie. Hier und heute könnte ich euch für dieses Nichtstun und das esoterisch klingende Gequatsche ganz fest in den Hintern treten, selbst wenn ihr mir vermutlich damit helft.

An alle Therapeuten, die nun im Onlineshop nach dem Begriff ›Gesäßpolster‹ oder ›Suspensorium‹ suchen: Der Terminus ›in den Hintern treten‹ ist metaphorisch zu betrachten. Von mir und meinen Turnschuhen geht keinerlei Gefahr für eure Gesäßmuskulatur oder primären Geschlechtsmerkmale aus.

Tag 5

Es wäre ja auch zu schön gewesen, einfach einmal voll motiviert aufzuwachen! Heute ist einer der Tage, an denen ich weiß, warum ich hier bin. Meine Stimmung befand sich direkt mit dem Aufwachen am Boden. Der Grund: Es scheint keinen zu geben! Ich fühle mich einfach leer und antriebslos, meine Miene gleicht der von Angela Merkel nach vier Wochen Schlafentzug.

Ich fühle mich wie in einer Glaskugel. Alles geschieht um mich herum, aber mich interessiert es nicht wirklich. Ich nehme am Klinikleben teil, spreche aber wenig, erledige eben nur das, was erledigt werden muss. Ich funktioniere halt. Es ist so, wie es auch zu Hause war. Ich habe mich eingelebt, mache es einfach mal so, wie diese esoterisch quatschenden Therapeuten sagen: Ich betrachte mich selbst. Warum geht es mir so? Was fühle ich, wenn ich in mich schaue? Na? Wie geht's dem kleinen Mette denn wirklich? Mein Ergebnis? Keine Ahnung! Es ist mir scheißegal!

Ich habe nicht die Energie und nicht die Lust darüber nachzudenken. Es nervt mich einfach nur, dass ich bin wie ich gerade bin. Da ist sie also wieder, diese Leere, der ich absolut wehrlos gegenüberstehe. Jene Machtlosigkeit ist es, die mich daran zweifeln lässt, je wieder gesund werden zu können. Diese Zweifel sind es, die mir große Angst einjagen, irgendwann derart zu verzweifeln, dass ich einen AUS-Schalter betätigen möchte. Ich stemme mich also dagegen, versuche, sie nicht zum Gegenstand meiner Gedanken werden zu lassen. Stattdessen nutze ich die lustigen und banalen Verrücktheiten der Klinik als mein privates Unterhaltungsprogramm.

Und hey! Ich hätte nicht gedacht, dass ich das an einem solchen Tag von mir selbst sagen würde, aber ich habe den Humor tatsächlich nicht verloren. Mir fallen trotz meiner miesen Stimmung Situationen ins Auge, die einer gewissen Komik nicht entbehren, sofern man einmal Krankheiten und Schicksale in den Hintergrund schiebt. Das mag nicht nett für den einen oder anderen Betroffenen klingen, hilft mir jedoch durchzuhalten.

Nehmen wir beispielsweise einen Patienten, der heute in der Kaffeeecke, die aus Ledersesseln und kleinen Tischen vor einer Glasfront mit Blick auf den Kliniksee und die dahinterliegenden Hügel besteht, die Tageszeitung aufschlug und plötzlich eine zusehends gesündere Gesichtsfarbe bekam. Dieses Phänomen wurde dicht gefolgt von stark anwachsenden Augen und Mundwinkeln, deren Entfernung zu den Ohren nur noch eine Streichholzlänge zu betragen schien. War es Seite zwei Deutschlands größter Boulevardzeitung? Hatte jemand die Nachricht über einen Lottogewinn elegant verpackt und genau diesem Patienten serviert? Wurde in der Zeitung Weltfrieden verkündet? Nein, so war es nicht. Vielmehr hatte der Herr, der mir dort gegenüber saß, nach mehrwöchigem Aufenthalt in der Klinik, schlicht die Werbebeilage eines Discounters in der Tageszeitung entdeckt. Dieses Kleinod der modernen Werbekunst erfreute ihn offenbar so sehr, dass er sich ein inbrünstiges »Jaaaaaa! Wie geil ist das denn?«, nicht verkneifen konnte.

»Geil?«, dachte ich, »Ein Werbeprospekt voller Lebensmittel eines Discounters?«

Es quoll mit einem Lachen aus mir heraus:

»Manchmal sind es doch die kleinen Dinge im Leben, jetzt wo wir schon ganz unten angekommen sind, nicht wahr?«

Ups ... Hatte ich das wirklich gesagt? Habe ich nun jemanden verletzt, bin voll in den Fettnapf gesprungen? Habe ich mich falsch verhalten und ins Abseits gestellt, indem ich mich über die Krankheit eines Mitgefangenen lustig gemacht habe? Nein, zu meiner Überraschung scheine ich das nicht!

Auch andere Patienten und der Angesprochene selbst hatten mitbekommen, was ich gesagt hatte und es hagelte plötzlich von allen Seiten sarkastische Sprüche der Selbstironie, die Begrifflichkeiten wie ›Anstalt‹, ›Irrenhaus‹, ›Depritruppe‹ beinhalteten.

Plötzlich war hier eine Art Improvisationstheater einer Gruppe depressiver Komödianten entstanden, was – wie ich meine – schon wieder einen gewissen Witz in sich trägt, wenn man sich diese Schauspieltruppe nur einmal auf einer Bühne vorstellt. Menschen, die eben noch ohne jegliche Regung in die Ferne der Landschaft starrten, lachen plötzlich und scherzen über ihre eigene Situation. Diese Stille in der Klinik ist wie ausgelöscht und Lachen und Kichern gewichen.

Die Essenz des Tages für mich ist es also, nicht das Lachen zu verlernen, egal wie schlecht es mir auch gehen mag. Und, wer hätte es gedacht, meine Mitgefangenen können ebenfalls lachen! Trotz dieser harten Schicksale. Wie es scheint, ist das Thema Depression also keine Krankheit, die nur Schwarz oder Weiß kennt. Ist jemand depressiv, so scheint das nicht zu bedeuten, dass er Tag ein Tag aus traurig ist. Nein, auch während einer Depression scheint man lachen zu dürfen, ohne gleich als gesund zu gelten. Dieser Gedanke mag befremdlich klingen, aber ein wesentlicher Zweifel an meiner Diagnose bestand bisher für mich darin, dass ich ja durchaus Phasen guter Laune habe. Das wiederum hat aber nicht mit meinem Bild der Depression zusammengepasst und noch immer frage ich mich permanent, ob ich wirklich krank bin, oder nur versehentlich in einer Klinik gelandet, weil ich ab und zu ›schlecht drauf‹ bin. Ich frage mich, ob ich nicht lieber Platz für wirklich kranke Menschen machen sollte, die dringender in dieser Klinik behandelt werden müssen, als ich.

Scheinbar kann ich also noch immer nicht einsehen, krank zu sein.

Tag 6

Wie habe ich diesen Tag herbeigefürchtet. Ich dachte, es würde der schrecklichste nur denkbare Tag werden. Heute feiert meine Tochter Amelie ihren zweiten Geburtstag. Daheim, ohne ihren Papa, denn der sitzt ja bekanntlich irgendwo im nirgendwo und quatscht sich vor Therapeuten und Mitgefangenen den Mund fusselig.

Die ganze Nacht über hatte ich sie in meinem geistigen Ohr. Jene Worte, die klein Amelie stets von sich gibt, wenn wir zum Gute-Nacht-Sagen telefonieren:

»Papa ... Hause ... Kur ... fit?!" Ja, für klein Amelie ist Papa in der Kur, um wieder fit zu werden. Das zumindest versteht eine zweijährige besser als den Terminus ›Psychosomatische Klinik‹. So schön es ist, dass sie mich vermisst, es tut nun einmal auch sehr weh. Schlimm genug, dass sie, ihre große Schwester Marie und Nadja über Wochen keinen Papa und Ehemann haben, aber dann noch an ihrem Geburtstag? Sicherlich nimmt Amelie es mit ihren zwei Jahren noch gar nicht so richtig wahr, aber es ist für mich ein wichtiger, symbolischer Tag, an dem ich normalerweise gern meine Rolle als Papa erfülle. Dennoch ist es anscheinend deutlich wichtiger für meine Familie, dass ich hier gesund werde, als dass ich mit Partyhut und Tröte bewaffnet durch's heimische Wohnzimmer tanze, was im Übrigen in dieser Form wohl ohnehin nicht geschehen würde.

So sehr ich mich also auch vor diesem Tag gefürchtet habe, so wenig dramatisch oder niedergeschlagen fühle ich mich heute. Erstaunlicherweise scheine ich mich so langsam mit dem Klinikleben abzufinden, gehe mit angenehmer Laune dem Alltag nach.

›Burn-out ist für Anfänger, ich hab Fuck-off!‹

Das habe ich irgendwo gelesen und es passt perfekt zu meiner heutigen Einstellung. Die Krankheit und alle damit verbundenen Probleme können mich mal, denn ich komme so langsam zurück. Ich bearbeite das Problem in kleinen Schritten und werde am Ende gewinnen! Das ist es, woran ich fest glaube.

In den Gesprächsgruppen verdeutlichen sich derweil viele Kleinigkeiten, die mir schon zuvor aufgefallen sind: Ich mag es nicht, von Fremden angefasst zu werden. Ich sitze niemals mit dem Rücken zum offenen Raum gewandt. Entspannungsübungen in der Gruppe sind für mich schwierig, weil ich immer nach links und rechts horche. Ich bin mit meiner Sensorik einfach immer auf der Hut.

Keinesfalls panisch oder paranoid, aber eben wachsam. Das kann ich nicht abstellen. Zusätzlich neige ich dazu, Emotionen für mich zu behalten. Andere Menschen, die mich kennen, sagen daher oft, ich sei ein ruhiger, ausgeglichener Typ. Das ist allerdings nicht immer der Fall. Ich zeige es nur einfach nicht, offenbar mit der Befürchtung, Kontrolle abgeben zu müssen oder angreifbar zu sein. Beide Eigenschaften scheinen dazu beizutragen, dass ich innerlich gestresst bin. Es baut sich Druck auf.

Ich finde zunächst einmal gut, dass sich die Dinge so darstellen, wie ich sie bereits für mich skizziert hatte und hoffe, dass es bald in Richtung Ursachenforschung geht. Aber eine gewisse Ironie steckt ebenfalls hier in diesem Knacks: Wird man in unserer Leistungsgesellschaft nicht gerade mit solchen Eigenschaften erfolgreich? Wird man im Büroleben von Konzernen und dem vielzitierten ›Business‹ nicht über Jahre hinweg genau daraufhin gedrillt?

Tarnen und Täuschen! In kritischen Meeting-Situationen bloß keine Miene verziehen und kühl und bedacht kontern. Bloß nicht angreifbar sein! Wer das über Jahre hinweg schafft, hat das Zeug zu einer großen Karriere. Jeder halbwegs normale Personalchef, der noch irgendeine bunte Auszeichnung für sich und sein Unternehmen kaufen ... Entschuldigung ... verliehen bekommen möchte, würde vehement abstreiten, dass Menschen mit diesen Eigenschaften zu Führungskräften werden. Schließlich baut man auf Teamfähigkeit, kooperative Führung, ja sogar Nächstenliebe und ›Work-Life-Balance‹. Aber schaut euch doch mal um! Welche Charaktere sind in euren Managementpositionen vertreten? Na?

Dass die durchschnittliche Arbeiterameise dabei als Mensch auf der Strecke bleibt, fällt unter den Begriff ›Kollateralschaden‹. Kann ja mal passieren, dass jemand durch das Raster fällt. Frischen Nachwuchs von der Uni mit Einser-Schnitt und Scheitel gibt's ja schließlich genug. Und selbst für den Fall, dass die eine oder andere Arbeiterameise dem inneren Stress standhält, wird sie mit dieser Haltung daheim, bei Familie und Freunden vor die Wand fahren. Schließlich sind Emotionen hier dann doch recht gefragt, vor allem dann, wenn man Kinder erziehen und mit einer gewissen Sozialkompetenz ausstatten möchte. Blöd, wenn man wenig Regung zeigt, während die eigene Tochter lautstark und verzweifelt um ihr soeben vom Staubsauger verschlucktes Lieblingsspielzeug trauert. Man soll nun also abgestumpft aus dem Job kommen und im Kinderzimmer eine gute, einfühlsame Figur machen, um die Elite von Morgen heranzuzüchten. Vom Schlachtfeld in den Harmonieclub. Fällt jemandem etwas auf? Richtig: Das muss einfach schiefgehen!

Man verzeihe mir die überspitzte Darstellung. Wenn man jedoch, so wie ich, auch noch verlernt,

Ruhe- und Regenerationsphasen, wie Feierabend, Wochenenden und Urlaube zu nutzen und stattdessen gedanklich permanent im Job, oder bei neuen Projekten ist, führt dieses Konstrukt früher oder später, in eine Krankheit irgendeiner Art. Ich habe faktisch genug Zeit, mich zu erholen. Ich habe lediglich verlernt, dies auch zu tun. Und genau das muss mein Ziel sein! Ich muss lernen, wieder Ruhephasen nutzen zu können. Abschalten! Erreichte Dinge genießen können. Sätze, wie »Der Weg ist das Ziel!«, habe ich immer inhaltlich verstanden, nachvollziehen konnte ich sie dagegen nie.

Ich werde das gesellschaftliche System nicht verändern können, so sehr es mich auch ärgert. Ich kann mir jedoch das Werkzeug zurechtlegen, mich weiterhin innerhalb des Systems bewegen zu können. Mein Zauberwort heißt ›Abgrenzung‹. Ich werde lernen, nicht blind jegliche Aufgabe anzunehmen und am Ende irgendwie ganz allein und perfekt erledigen zu wollen. Ich muss lernen, mich nicht blind um die Probleme anderer zu kümmern und die Freizeit mit meiner Familie von Herzen zu genießen, ohne an das nächste Projekt zu denken. Ich muss es schaffen, mich von jenen Dingen ›abzugrenzen‹, die für den aktuellen Moment nicht wichtig sind.

Wie ich die Sache mit den Emotionen angehen werde, das muss ich noch herausfinden. Das Thema gefällt mir noch nicht wirklich. Jedenfalls werde ich

nicht – nicht in der Klinik und nicht daheim – lauthals weinend irgendeinem Menschen um den Hals
fallen, um mich zu bedanken, dass es ihn gibt. So
weit kommt's noch! Wir wollen es ja mal nicht über-
treiben. Da wird deutlich tiefer gestapelt werden ...

Tja, da hab ich wohl schon eine ganze Menge
Ziele vor Augen. Ich habe nur noch nicht den Hauch
einer Ahnung, wie ich all das je lernen soll, wo doch
das gegenteilige Verhalten ganz tief in mir steckt.

Tag 7

Was hat mir der heutige Tag gebracht? Nun, also zunächst einmal bin ich guter Dinge aufgestanden. Das ist ja schon mal was! Geduscht, gefrühstückt und schon ging´s ab in die Gruppen-Körpertherapie. Entspannungsübungen, oder im Klinikjargon ›Achtsamkeitsübungen‹ standen auf dem Stundenplan. Diese Art Entspannungsübungen sind zwar Teil nahezu jedes Therapietags, heute stellte sich jedoch eine erste Änderung ein: Ich habe es tatsächlich einmal geschafft, bei der Sache zu sein und eben nicht stets und ständig an irgendwelche Dinge zu denken. Das motiviert mich. Es mögen kleine Schritte sein, aber sie führen in die richtige Richtung.

Auch die Einzeltherapie war wieder sehr angenehm. Ein wirklich wohltuendes Gespräch bei einem Spaziergang durch den Klinikpark. Das Wetter war mild, was sicherlich auch zur guten Laune beiträgt. Während dieses Einzelgespräches habe ich für mein Gefühl wieder einmal ein Therapieklischee voll erfüllt. Wie es im Krimi immer der Gärtner ist, der den Mord begangen hat, liegen die

Ursachen für meine heutigen Querelen offenbar in der Kindheit ...

»Wo denn sonst? Und dafür bekommen die auch noch Geld?«, könnte man nun vor sich hinbrummeln. Naja, aber je mehr ich erzähle, umso sichtbarer werden eben auch gewisse Zusammenhänge. Verbindungen von Situationen oder Ereignissen, die ich ohnehin schon immer in Frage gestellt hatte. Es bedarf hier also weniger der Interpretation eines Therapeuten, vielmehr sehe ich selbst dieses Bild. Ich bin der, der hier bewertet. Betrachtet oder einfach beginnt, zu verstehen. Entgegen meiner Vorstellung müssen jene Ereignisse nicht immer besonders schrecklich und traumatisch sein. Es sind schlicht Schlüsselerlebnisse, die mich und andere Patienten dazu veranlasst haben, bestimmte Verhaltensmuster zu verinnerlichen, die fortan Bestand behielten. Solche Verhaltensmuster wiederum, können in der Gegenwart unpassend oder umständlich sein, inneren Druck erhöhen und zur Krankheit führen. So zumindest der einfache kausale Zusammenhang.

Gab es vielleicht einmal einen Lehrer in der Kindheit, der größten Wert auf blaue Tinte im Füller legte und bei roter aus der Haut fuhr, so heißt dies nicht, dass auch der heutige Chef als Autoritätsperson bei roter Tinte aus der Haut zu fahren droht. Allerdings wäre es nicht ungewöhnlich, dass der eine oder andere Patient jene rote Tinte um jeden Preis meiden möchte, gar ein schlechtes Gefühl bei ihrer Verwendung hat. Hier lohnt es sich zu hinterfragen: Was zum Geier macht mich eigentlich an roter Tinte nervös? Ist es überhaupt noch notwendig, diese zu meiden? Vereinfachtes Beispiel, aber der Zusammenhang ist nun hoffentlich klar. Nein, liebe Freunde, ich hab kein Problem mit Tinte. Es ist ein BEISPIEL!

Inzwischen füllt sich mein Klinik-Stundenplan: Dreimal pro Woche eine Stunde Einzeltherapie, viermal einhundert Minuten Gruppengesprächstherapie, zweimal pro Woche achtsamkeitsbasierte Körpertherapie, also Entspannungsübungen, zwei bis drei Mal Körpertherapie, in der es darum geht, mehr über sich selbst und die eigenen Reaktionen zu erfahren, zwei bis drei Mal pro Woche einhundert Minuten Gruppen-Gestaltungstherapie. Hinzu kommen all diese Einheiten noch einmal als Einzeltherapie, so dass auch ganz individuell behandelt werden kann. So füllt sich ein jeder Therapietag und man fällt, abends geschafft von all den Gedanken und Worten, müde ins Bett.

Ich frage: Wäre ein Tag nicht ein verlorener Tag, dürfte ich nicht in meine geliebte einhundertminütige Gruppengesprächstherapiegruppe? Wer hier Ironie herausliest, hat es verstanden. Ich finde es nach wie vor schrecklich, einhundert Minuten lang in einer Therapiegruppe zu sitzen und es ist mir weiterhin nicht angenehm fremde Schicksale zu teilen oder meine Erlebnisse auszuplaudern, wogegen ich mich noch immer erfolgreich sperre. Aber ich durfte heute auch zwei neue Dinge lernen: Zum einen gab es eine kritische emotionale Situation bei einer Mitgefangenen, die die Gruppe, nahezu ohne Eingriff des Therapeuten innerhalb des Gesprächs entschärfen konnte. Der Mitgefangenen ging es wieder halbwegs gut. Erstaunlich. Die zweite Erfahrung lag darin, dass ich Gelegenheit fand, die eine oder andere witzige Bemerkung zu machen. Und siehe da: Eine Gruppe Depressiver lacht lauthals innerhalb einer Therapiesitzung und verlässt diese Sitzung am Ende mit einem Lächeln.

Das hört sich vielleicht banal an, aber an diesem Ort des Leids, der dunklen Themen, der schrecklichen Schicksale ist genau das ein Erlebnis, das meinen Durchhaltewillen unglaublich stärkt. Ebenso wie mein Erlebnis der lachenden Depritruppe in der Sitzecke. Mir sind die emotionalen Ausbrüche der anderen noch immer fremd, auch wenn ich mich langsam daran gewöhne. Im ersten Moment neige ich irgendwie immer dazu, zu denken, dass da jemand schauspielt, um die Aufmerksamkeit auf sich zu ziehen, was mich schlicht nervt. Ich frage mich dabei dann immer, warum dieser ›Mikrokosmos der Problemchen‹ anderer zu solchen Reaktionen führt. Erst später wird mir klar, dass das hier alles echt ist. Sie empfinden es so. Das ist alles fremd, eine völlig andere Welt.

Naja, und ich habe erfahren, dass diese Privatklinik viele Namen hat. Bei den Bewohnern der umliegenden Ortschaften ist es die ›Promi-Klapse‹, bei den Mitgefangenen die ›Brilli-Klinik‹. Letzterer Ausdruck kann nur dem Tagespreis geschuldet sein, denn so viel blitzt und blinkt im Gebäude nun wirklich nicht. Wie auch immer: Wieder so ein Detail, das mich schmunzeln und lächeln lässt.

Tag 8

Ich habe einen ›Run‹! Ich habe heute schon wieder ein Lächeln im Gesicht. Ich habe das Gefühl, zu alter, sehr alter Stärke zurückzufinden. Und diese Stärke, woher auch immer sie kommen mag, wird noch dazu von einer ganz wesentlichen Erkenntnis beflügelt, die mir heute während der Achtsamkeitsübungen der Köpertherapie durch den Kopf gegangen ist: Es gibt offenbar verschiedene Formen der Selbstwahrnehmung, des eigenen Begriffs vom ›Ich‹.

Nein, ich rede weder vom Jenseits, noch von anderen Ebenen des Seins. Ich bin nicht völlig durchgeknallt, sondern durchaus noch in der Realität, sofern ich das beurteilen kann! Was ich meine, ist sogar etwas sehr Reales und Greifbares. Ich habe einfach erkannt, dass immer dann, wenn ich in den letzten Jahren über das ›Ich‹ gesprochen habe, genau von dem Menschen redete, der mich morgens im Spiegel anlächelt. Da sehe ich einen Mette, der mal Anzug trägt, mal einen Pulli anhat. Gern auch mal oben ohne, wenn er aus der Dusche kommt. Ich sehe einen Mette, der einen Job hat und Projekte leitet, der ein Haus gebaut hat, manchmal als Musiker auf einer Bühne steht. Ich sehe einen Familienpapa und Ehemann, der seinen Job erledigt. Wenn sich dieser Mette für sein ›Ich‹, also für sich selbst, einmal was Gutes tun will, dann isst er etwas Leckeres, kauft sich etwas Schönes, oder bucht einen Urlaub. Das hatten wir ja schon. So weit so gut. Ich denke, dass das jeder so weit nachvollziehen kann.

Was ist das, was ich da sehe? In erster Linie sind es Äußerlichkeiten, Rollen, Verhaltensmuster und materielle Dinge, über die ich scheinbar mein ›Ich‹ definiere. Nun sei doch einmal die Frage erlaubt, ob das alles ist, woraus sich ein Mensch – ein Mette – wohl zusammensetzt. Ja, wir sind ganz sicher die Summe aus Erscheinung, gesellschaftlichen Normen und angeeigneten Verhaltensweisen. Wir bestehen aus den verschiedenen Facetten unseres Alltags und den daraus resultierenden Erfahrungen. Das scheint aber irgendwie nicht alles zu sein. Mir fehlt hier sogar etwas ganz Wesentliches, nämlich das sprichwörtliche Salz in der Suppe. Was ich meine, ist eine Komponente, die alle Zutaten miteinander verbindet und das Geschmackserlebnis zum runden Ganzen macht! Bei genauerem Hinsehen findet sich hier, wie ich glaube, das was verschiedenste Kulturen seit Jahrtausenden als ›Seele‹, ›innere Mitte‹, ›energetisches Zentrum‹ oder wie auch immer bezeichnen.

Ich selbst kann mir dies vor Augen führen, indem ich mich noch einmal erinnere, wie der Begriff meines ›Ich‹'s aussah, als ich noch ein kleines Kind war. Wie war es wohl zur Zeit meiner ersten Erinnerungen, als etwa Dreijähriger? Die Anzahl von sozialen Rollen, bereits erlernter Verhaltensmuster und Normen oder materieller Güter, die ich hätte mein Eigentum nennen können, war noch schwindend gering, mein Spiegelbild in dieser sehr frühen, reichlich verschwommenen Erinnerung mir noch herzlichst egal.

Dennoch wusste ich schon in dieser Anfangszeit meines Lebens, dass ich existiere. Mehr noch, ich wusste, dass ich ein Individuum bin! Ich war mir klar, dass ich einen Willen habe und die Welt um mich herum entsprechend beeinflussen kann, wenn auch im kindlich begrenzten Umfang. Ich hatte den Willen zu leben, mich auszudrücken, zu entwickeln und die Welt um mich herum zu gestalten. Ich hatte bewusste Bedürfnisse. Ich glaube nicht daran, dass diese Eigenschaften reine genetisch gesteuerte Programme waren, kein ausschließlich triebhaftes Verhalten. Vielmehr hatte ich damals ein ausgeprägtes Bild meines ›Ich‹'s und wusste, was ich will. Und jenes ›Ich‹ war im Gegensatz zur heutigen Wahrnehmung deutlich reiner im Sinne äußerer Einflüsse. Es war weniger verwaschen, eher wie eine pure Substanz. Ich erinnere mich gut daran, wie das war und das ist ein sehr, sehr gutes Gefühl.

Es ist dieses ›unverwaschene Ich‹, was mich selbst ganz ursprünglich ausmacht. Ich hatte es vergessen, das ist mir klargeworden. Ich glaube, dass ich einen großen Schritt in Richtung Genesung machen kann, wenn ich es schaffe, mich im Alltag aktiv an dieses ›Ich‹, an diesen ›Ursprung‹, diese ›Mitte‹ zu erinnern und zu ihr zurückzukehren. Es ist nicht notwendig, meinen Beruf zu wechseln, irgendeine Rolle loszuwerden oder gar, mein Leben lang therapeutische Hilfe in Anspruch zu nehmen. Mein Schlüssel wird jedoch der ›Ich‹-Begriff und die regelmäßige Rückkehr zu dieser Mitte sein. Denn von diesem neutralen, sehr sicheren und ruhevollen Punkt in der Mitte ist es mir möglich, alle Rollen und Verhaltensmuster des Alltags neutral und gelassen zu beurteilen, damit zu jonglieren. Es macht mich ein Stück weit unantastbarer, da es ein Ort der Sicherheit und der Ruhe ist. Ich möchte den Spieß umdrehen und mich nicht mehr von meinen Rollen, von meinem Alltag steuern lassen. Das ist es, was mich ins Chaos gestürzt hat.

Künftig soll wieder das ›Ich‹, die ›Mitte‹ der Käpt'n sein und die Geschicke des Alltags steuern. Wenn ich das schaffe, dann werde ich gewinnen! Diese Erkenntnis ist sicherlich auch die Grundlage, all die Macken, die kleinen ›Dachschäden‹, die ich in der Einzeltherapie entdecke, zu bearbeiten. Ich werde in der Lage sein, in der Kindheit angeeignete Verhaltensmuster zu betrachten und zu bewerten, vielleicht zu revidieren. Das wäre und war eben nicht mit einer solch oberflächlichen Sicht möglich, wie ich sie mir in den letzten Jahren angeeignet habe.

Ich glaube aber auch, dass es eines harten Trainings bedarf, um diese ›Mitte‹ im Trubel des Alltags zu finden und vor allem zu erhalten. Dieses Training betrachte ich als den Weg, der unmittelbar vor mir liegt. Und ich habe das Privileg, alle Möglichkeiten, Anleitung und die Zeit dafür zu bekommen. Und zwar in dieser Anstalt in der ich mich befinde, die für mich mehr und mehr zur Klinik und sogar zum geschützten Ort der Ruhe wird, an dem ich den Raum habe, mich mit mir selbst zu befassen.

Diese Erkenntnis ist für mich momentan das, was man einen ›Game-Changer‹ nennt. Ich habe nun das Gefühl, meine Genesung selbst in der Hand zu halten. Ich freue mich über die Unterstützung der Therapeuten ... Aber, ich erledige den Job selbst! Ich komme nun in die Lage, es selbst anzupacken. Noch kann ich es nicht vollumfänglich, aber ich kenne die Richtung, die ich einschlagen muss. Das ist, was mich freut und Ruhe in mir einkehren lässt. Ich fühle mich erstmals seit Jahren gelassen, ruhe in mir selbst, rede mir nicht nur ein, dies zu tun. Ich kann es tatsächlich genießen, tatenlos zu sein und in mich selbst zu schauen. Ich fühle mich erstmals seit Jahren leicht, als hätte man ein Gewicht von meinen Schultern und der Brust genommen. Dieses Gefühl ist unbezahlbar! Ich erkenne, dass man mich genau aus diesem Grund mit mir selbst alleinlassen und mit unangenehmen Situationen konfrontieren musste. Wäre dies nicht geschehen, hätte ich mich wohl weiterhin nur oberflächlich mit mir und der Krankheit befasst. Ich bin nicht nur gelassener, sondern auch dankbar.

Um mir selbst den Alltag leichter zu gestalten, habe ich heute Kategorien entwickelt, in die ich meine Mitgefangenen einordne. Das ist nicht nett und entspricht auch nicht meinem Vorgehen im Leben außerhalb der Klinik, jedoch hilft es mir hier in einer Ausnahmesituation, in der viele meiner Grundfunktionen im eingeschränkten Notfallmodus zu laufen scheinen, das Leben zu vereinfachen, zu entscheiden, mit wem ich auf welche Weise kommuniziere. Diese Kategorien sind fließend, somit wandern Mitgefangene im Zuge ihres Heilungsprozesses eben auch von einer Stufe in die nächste. Natürlich werde ich ihnen nicht von dieser Kategorisierung erzählen. Das wäre schließlich mehr als unhöflich. Aber hier kann ich es ja aufschreiben. Fangen wir also wie am Anfang einer Leiter an:

Kategorie 1: ›The Walking Dead‹

Das sind für mich jene Mitgefangenen, die wie eine leere Hülle umherlaufen, wie Zombies funktionieren und ziellos durch die Klinik wandern. Sie starren ins Leere, scheinen gedanklich weit von sich selbst entfernt zu sein, können teilweise nicht sprechen, obwohl ihre Lippen es zu versuchen scheinen. Jedenfalls bewegen sich ihre Lippen und auch das Kinn, als wollten sie das Wort erheben, aber es kommen eben keine Worte aus ihnen heraus. Für mich ist das die schwerste Ausprägung der Depression. Von diesen Mitgefangenen halte ich mich fern, denn sie verunsichern mich. Sie wirken so unberechenbar.

Kategorie 2: ›Spooky People‹

Diese Mitgefangenen sind in der Lage zu kommunizieren, zeichnen sich aber durch ein deutliches, von der Norm abweichendes Verhalten aus. Sie sind außergewöhnlich emotional, benehmen sich ausgeprägt kindlich naiv, haben Ticks oder unterliegen starken Stimmungsschwankungen. Mit ihnen tausche ich lediglich Höflichkeitsfloskeln aus, möchte aber aufgrund der Unberechenbarkeit nicht ins tiefere Gespräch kommen. Auch hier fühle ich mich verunsichert, weil ich eben nie wissen kann, was als Nächstes passiert.

Kategorie 3: ›Thirsty People‹

In diese Kategorie fallen alle Suchtpatienten. Sie haben einen Sonderstatus, denn sie gehören gleichzeitig ebenfalls zu einer der anderen Kategorien. Nur, dass sie zusätzlich ein Suchtproblem irgendeiner Art haben. Ich weiß nicht einmal so richtig, warum ich diese Kategorie benötige, aber Suchtpatienten unterscheiden sich immer ein wenig von den anderen. Ich habe das Gefühl, dass es sich dabei um die Einstellung zu ihrer Krankheit und der damit verbundenen Krankheitsakzeptanz oder Selbstwahrnehmung handelt. Genauer kann ich es nicht benennen, aber es eint sie. Diese Kategorie hat jedoch keinen Einfluss darauf, ob ich mit ihnen kommuniziere oder nicht. Nur sollte man möglichst alle Themen, rund um Suchtmittel meiden, um nicht in einen Fettnapf zu treten, oder in eine wissenschaftliche Debatte verstrickt zu werden.

Kategorie 4: ›Hungry People‹

In dieser Kategorie finden sich nun all jene Mitgefangenen wieder, die sich recht normal verhalten und scheinbar zur Selbstreflexion fähig sind. Sie haben ihre Krankheit akzeptiert und sind ›hungrig‹ darauf, daran zu arbeiten und gesund zu werden. Sie haben darüber hinaus ein klares Bild im Kopf, wie sie in der Zeit nach der Klinik leben möchten, wenngleich mit diesen Gedanken unsichere Gefühle verbunden sein können. Hier ist gefahrlose Kommunikation und sogar Vertrauen möglich.

Natürlich, wie könnte es anders sein, sehe ich mich selbst in Kategorie 4. Mir ist bewusst, dass dieses Modell ein einfaches und sehr oberflächliches ist.

Außergewöhnliche Situationen erfordern eben auch außergewöhnliche Maßnahmen! Und da es ja nur in meinem Kopf existiert, darf es mir helfen meine Eindrücke zu ordnen, denn so richtig vollumfänglich funktioniert mein Hirn noch nicht. Das muss ich zugeben. Es bleibt eine Herausforderung den Zettel für die Klinikreinigung auszufüllen. Das ist mit Kopfrechnen verbunden und braucht seine Zeit.

Ich rede hier über das Zusammenrechnen von 1,75€-Beträgen im Rahmen von haushaltsüblichen Sockenpaaren, T-Shirts und Unterhosen. Ich denke, dass das einen guten Einblick in den derzeitigen Funktionsumfang meines Hauptprozessors gibt und es mahnt mich dazu weiterzumachen.

Tag 9

Mir ist es fast schon peinlich, aber ich fühle mich erneut gut gelaunt und kräftig. Da ist es wieder: Mein schlechtes Gewissen gegenüber den anderen Patienten, denen es so schlecht geht. Ich fühle mich mittlerweile recht gut und belege dennoch ein Klinikbett. Noch immer stelle ich mir die Frage, ob mein Aufenthalt hier überhaupt gerechtfertigt ist, wenn man mal von meinen nicht vorhandenen Künsten im Kopfrechnen absieht.

Die gestrige Erkenntnis zum Bild des eigenen ›Ich‹'s beflügelt mich und ist weiter gereift. Im Rahmen der ›Achtsamkeitsübungen‹ – so nennt man hier wie gesagt alle Übungen, die dazu dienen zur Ruhe zu kommen und sich selbst und sein Befinden im aktuellen Moment betrachten zu können – ist mir etwas eingefallen: Ich erinnere mich plötzlich wieder daran, dass ich mir als Kind selbst das Meditieren beibrachte. Damals war die Intention dieses Tuns sicherlich der Wunsch, einmal Superheld in Form eines unbesiegbaren und für das Gute kämpfenden Kung-Fu-Meisters zu werden, jedoch hat diese

Übung erstaunlicherweise damals andere Früchte getragen, als gedacht:

Zwar schwebte und schwebe ich noch immer nicht als Kung-Fu-Kämpfer durch die Lüfte, eher im Gegenteil, aber damals ist es für mich zu einem Spiel, zu einem Zeitvertreib geworden, eine imaginäre, warme Energie in beliebige Winkel meines Körpers zu schicken. Tat mir etwas weh, verschob ich sie an jene Stelle und bildete mir ein, weniger Schmerzen zu haben. Nicht mehr und nicht weniger. Was ich damals nicht wusste: Diese Fähigkeit hat es mir ermöglicht, mich zu kennen, also ein gutes Bild von mir selbst, von meiner ›Mitte‹ zu haben. Ich nahm es lediglich nicht aktiv wahr, weil es normal für mich war. Naja, und zum Superhelden hat es mich auch nicht gemacht, weshalb ich irgendwann mit den wachsenden Anforderungen in der weiterführenden Schule aufhörte zu meditieren und mich auf den Alltag konzentrierte.

Über die Jahre habe ich mir jedoch eingebildet, diese Fähigkeit, diesen Bezug zum ›Ich‹ weiterhin zu haben. Was aber wirklich passierte, ist, dass dieser Bezug schleichend und unbemerkt, durch die erwähnten materiellen Dinge und Rollen und an mich gestellten Erwartungen ersetzt wurde. Dies hat irgendwann zu jenem Crash geführt, der mich in die Klinik zwang.

Ich glaube nun also mehr zum Tathergang, zur Entwicklung meines Problems, zu wissen. Und ich glaube ein neues, altes Werkzeug zu kennen, das mir helfen wird etwas dagegen zu tun. Ich weiß schließlich noch, wie das damals mit dem Meditieren funktionierte, wie es sich anfühlte. Komme ich also zu dieser Fähigkeit zurück, habe ich auch ein optimales Trainingskonzept für den Alltag.

Natürlich wäre es zu schön, wenn ich nun sagen könnte, dass ich es einfach einmal ausprobiert habe und auch sogleich dieses alte Gefühl hatte, diese warme Energie umherlaufen lassen zu können. Pustekuchen! Der Versuch ging sogar voll in die Hose! Während ich versuchte, zur Ruhe zu kommen und in alter Kung-Fu-Superhelden-Manier das Universum in mich aufzusaugen, habe ich an alles Mögliche gedacht: den Speiseplan der Klinik, den wachsenden Rasen daheim, an Nadja und die Kinder ... Ich könnte die Liste unendlich weiterführen. Nix mit warmer Energie, nix mit Universum, nix mit Selbstwahrnehmung und auch nix mit unbesiegbar. Ein voller Reinfall!

Nun ja, wenn's so einfach wäre, würde es ja auch jeder tun. Das wirft mich aber nicht zurück. Ich weiß grundsätzlich, wie es geht und ich weiß, dass es eine Trainingssache ist. Für dieses Training habe ich hier und jetzt die Zeit. Dafür bin ich hier. Ich bin für mich hier!

Aber es zeichnen sich auch ganz andere, einfache Dinge ab: So habe ich mich heute getraut, mich einfach einmal vor den Spiegel zu stellen und mir selbst ganz bewusst in die Augen zu schauen. Ich meine, natürlich sehe auch ich mich jeden Tag im Spiegel an. Sicherlich blicke ich mir auch in die Augen, aber eben nicht so bewusst. Zehn Minuten stand ich da. Zehn Minuten, die man wohl nur in einer ›Klapse‹ hat, um so etwas Abgefahrenes überhaupt zu tun. Irgendwann passierte es dann. Ich musste Lächeln. Ich stand da und lächelte mich an. Ich weiß, wie albern das klingt, aber hey, wer traut sich, es einmal zu versuchen? Ihr werdet sehen ...

Wichtig an dieser Geschichte ist wiederum: Ich bemerkte eine Entwicklung an mir. Ich beschäftige mich wieder mit meinem inneren Selbst, das ich so lang vergessen hatte. Und es ist ein gutes Gefühl, so albern und esoterisch es auch klingen mag. Ich bin kein anderer Mensch, neige nicht dazu mit bunten Tüchern und mit Leggings bekleidet meinen Namen zu tanzen und Nachrichten aus dem Universum zu empfangen. Nein, es ist etwas Greifbares und Echtes. Es ist das Feuer in mir, das langsam wieder zu brennen beginnt. Es ist das, was mich einmal stark gemacht hat und ich werde es zurückbekommen.

Ich bemerke, dass es mir leichter fällt, allein mit mir selbst zu sein. Ich verbringe mehr Zeit auf dem Zimmer und es ist mir angenehm. Ich bin wieder motiviert Dinge zu tun, die kein konkretes Ziel haben.

Das alles sind meine Quantensprünge. Ich sorge mich allerdings gleichzeitig darum, dass ich vielleicht zu schnell in der Entwicklung sein könnte, dass ich mir etwas vormache. Schließlich bin ich seit nicht einmal zehn Tagen hier und es geht mir besser. Andere sind seit Wochen in der Klinik und laufen noch immer herum wie Zombies.

Auf der anderen Seite gibt es aber auch beunruhigende Dinge zu vermelden: Kleine Macken, die ich immer hatte, scheinen hier im Klinikumfeld größer zu werden. So habe ich mich niemals gern in einem Restaurant oder wo auch immer mit dem Rücken zur Tür, oder zum offenen Raum positioniert. Ging es nicht anders, war es in Ordnung, wenn auch nicht schön. Was genau die Ursache dafür ist, wird sicherlich Teil der Einzeltherapie sein, aber es hat mich im Alltag nie eingeschränkt. Hier ist es anders: Mein Platz im Klinikrestaurant lässt mich mit dem Rücken voll zum offenen Raum sitzen und es ist schrecklich! Ich bin angespannt. Ich habe mir unbewusst angewöhnt, früh zum Essen zu erscheinen, weil sich dann noch wenige Mitgefangene im Restaurant befinden. Ich esse schnell, sodass ich das Restaurant wieder verlasse, bevor die Masse der Mitgefangenen überhaupt eintrifft.

Dieser Dachschaden paart sich mit der Tatsache, dass ich noch immer stark auf die Stimmung anderer anspreche. So sitzt an dem mir zugeteilten Tisch ein Mitgefangener, der gern einmal seinem Ärger über sich selbst und seine Krankheit in verbaler Form Luft macht und dabei auch gern die auf dem Tisch liegenden Fäuste ballt, um hier allem Frust Ausdruck zu verleihen, vielleicht gar Aufmerksamkeit für sich zu gewinnen. Meine Aufmerksamkeit hat er allemal! Mich stresst das ... Ich schütte Adrenalin aus, bekomme feuchte Handflächen, gehe in Bereitschaft, auf das Ungewisse zu reagieren. Sitzt ein Mitgefangener zu nah neben mir, werde ich gar angefasst, suche ich Abstand, um meine eigene Sicherheit zu gewährleisten.

Das sind alles Dinge, die ich im normalen Alltag als unangenehmen Teil des täglichen Lebens akzeptiert habe. Hier scheinen diese Marotten aber um ein Vielfaches heftiger zu werden. Das macht mir irgendwie Sorgen, doch einen größeren Dachschaden zu haben.

Naja, ich habe dieses Thema einmal in der Einzeltherapie angesprochen und wurde mittlerweile zumindest einem anderen Tisch, ohne verbale Ausbrüche, zugewiesen. Ich sitze darüber hinaus mit dem Rücken zur Wand in einem ruhigeren Teil des Restaurants, an einem runden Tisch mit entspannteren und vor allem weiblichen Mitgefangenen. Ich bin sozusagen der Hahn im Korb unter Hühnern der Kategorie ›Spooky People‹ (in milder Ausprägung) und der Kategorie ›Hungry People‹. Und siehe da: Ich bleibe nach dem Essen sitzen, genieße was ich esse und bin deutlich entspannter.

Tag 10

||||| |||||

Hey seht her, liebe Mitgefangenen! Ich kann's noch! Ich kann schlecht drauf sein! Und noch besser: Ich kann mit guter Laune aufwachen und im Tagesverlauf die Stimmung so richtig kippen lassen! Na? Zufrieden? Ihr dämlichen, depressiven Toastbrote! Habt ihr nun eure Sensation?

Nun ja, finden wir mal zurück ins Hier und Jetzt, nehmen uns selbst intensiv wahr, erlauben uns zu fühlen, wie es uns geht und fragen warum es uns genau so geht, wie es uns jetzt eben geht. Verankern wir uns mal wieder in unserem Selbst ...

Huch! Ich bin ja sauer! Ich könnte platzen! Die Wut durchfährt meinen ganzen Körper! Na, wer hätte denn das für möglich gehalten? Ich kleiner Wonneproppen bin doch tatsächlich stinkig. Und warum bin ich das? Ganz einfach: Ich verstoße gegen den allgemeinen Trend, das ungeschriebene Gesetz der Depression! Ich schwimme erneut gegen den Strom. Wie unverschämt revolutionär von mir! Ich habe mir doch tatsächlich erlaubt, mitten im gravitativen Zentrum der Depri-1-Galaxie, gute Laune zu haben! Und das unverschämterweise schon den fünften Tag in Folge! Und noch unerhörter war, dass ich auf die Standardfrage auf dem Klinikflur »Na, wie geht's dir heute?«, auch noch mehrfach ehrlich mit »Gut, ich glaub, es geht voran. Es geht mir wirklich gut. Ich glaube zu wissen, in welche Richtung ich gehen muss«, geantwortet habe. Dies reichte schon mal aus, um mir Kommentare, wie »Warte mal ab, das nächste Tief kommt schon noch«, oder »Was willst du dann hier?«, oder einfach nur ein wissendes, abfälliges Lächeln, dicht gefolgt von »Das hab ich auch mal gedacht!«, zu kassieren.

Damit kann ich ja noch leben. Schließlich muss ich niemandem sagen, wie es mir geht und auch nichts von anderen annehmen, wenn ich das nicht will. Allerdings gibt es eben auch die unausweichlichen Gruppentherapien. Jene Sitzungen starten, neben den erwähnten Übungen zur Selbstwahrnehmung, mit einer sogenannten ›Befindlichkeitsrunde‹. Jeder Patient ist hier nach einer Achtsamkeitsübung zur Selbstwahrnehmung angehalten, kurz darzulegen, wie er sich aktuell fühlt. So auch ich. Was habe ich wohl zum fünften Mal in Folge bei der täglichen Gruppensitzung gesagt? Richtig!

»Es geht mir gut, ich ruhe ansatzweise in mir selbst, fühle mich gelassen. Ich habe für mich einen Weg zum Ziel vor Augen und hier die Zeit, diesen zu trainieren. Das macht mich glücklich, denn ich merke, dass es vorangeht. Wohlwissend, dass sicherlich auch noch schlechte Phasen auf mich zukommen werden. Aber, ich weiß nun, dass das dazu gehört und glaube, damit besser umgehen zu können.« Ups! Fehler! Wie konnte ich nur? Blasphemie! Der Depri-Gott der Depri-1-Galaxie musste zum Gegenschlag ausholen, um das universelle Gleichgewicht zu wahren.

Mir schlugen, wie immer wertschätzend formulierte Sätze der Mitgefangenen, wie »Du ... Du musst mir nochmal erklären, warum du überhaupt hier bist!«, oder »Du rennst hier wie ein Rennpferd durch die Phasen und hättest nebenher sicherlich auch noch das Talent, selbst einen Therapeutenschein zu machen.«

»Du bist sehr anziehend und nimmst mit deiner guten Laune sehr viel Raum ein!«

Danke, ich hab schon verstanden. Ich halte ja meinen Mund. Ich werde euch nicht mehr mit meiner guten Laune behelligen. Das zumindest dachte ich, während ich sichtlich aggressiv entgegnete:

»Es mag mir langsam peinlich sein, keine Sucht und auch kein Trauma zu haben, denn das scheint ja Grundqualifikation zu sein, um hier ernst genommen zu werden. Wem es allerdings auf die Nerven geht, dass ich mich besser fühle, der möge sich doch gern zum Dialog bei mir vorstellen, damit wir das mal ganz offen ausdiskutieren können! Also? Wer möchte?«

Das sorgte zunächst einmal für Waffenstillstand und Stille in der Gruppe. Auch die Therapeutin sah davon ab, das Thema weiter anzufeuern, und lenkte das Gespräch stattdessen auf deutlich allgemeinere Themen.

Ja, es macht mich aggressiv. Ich fühle mich angefeindet, nur weil ich zur Selbstreflexion imstande bin und ein Ziel entdeckt habe, zu dessen Erreichung ich sogar eine Möglichkeit sehe. Besser noch: Im Gegensatz zu früher fange ich gerade an, den Weg zum Ziel zu genießen.

Ja, es gibt hier Menschen, die seit Wochen in der Klinik sind und sich bisher nicht ihrer Selbst bewusst wurden, geschweige denn irgendeinen Fortschritt erzielt hätten. Man entschuldige den esoterisch klingenden Ausdruck, aber für mich ist das ein ganz wesentlicher Schlüssel, überhaupt an Lösungen arbeiten zu können, ohne sich selbst etwas vorzuspielen. Und was das Vorspielen angeht: Auch eine Therapiegruppe ist, wie erwartet, kein Kreis von Vertrauten, auch wenn alle immer so tun. Nein, auch hier bilden sich Seilschaften und Wolfsrudel. Es ist wie im wahren Leben, nur auf anderer Ebene. Das weiß ich jetzt. Und ich weiß, wie ich fortan zu agieren habe ...

Ich bin verunsichert, und zwar dahingehend, ob die anderen nicht vielleicht Recht haben. Spiele ich mir selbst etwas vor? Glaube ich nur, einen Schlüssel gefunden zu haben? Renne ich tatsächlich einer Fata morgana hinterher? Oder aber sind die Kritiker nur vom Neid zerfressen? Ich sag euch was: Es ist mir egal, denn es hält mich in Bewegung und motiviert mich. Aber ihr seid auf dem besten Weg es mir kaputt zu machen!

Ich neige dazu, in den Gruppen nicht mehr viel zu sagen und meinen eigenen Weg durchzuziehen. Ich habe die übrigen Termine in den Gruppen heute abgesagt, denn ich bin von Wut wie zerfressen. Ich möchte keine Menschen um mich haben und stattdessen wieder genug Konzentration finden, meinen Weg im Auge zu behalten und nach links und rechts schauen zu können, um die Landschaft zu genießen.

Tag 11

﹉﹉﹉﹉

Da war es wieder, dieses verhasste Wochenende. Es ist Samstagmorgen und die Abreisewelle jener Mitgefangenen, die zu ›Belastungserprobungen‹, so der Klinikterminus, für eine Nacht nach Hause fahren dürfen, rollt. Die Klinik leert sich. Das geht bei etwa 60 Patienten recht schnell und es wird still im Haus. Zurück bleiben nur jene Mitgefangenen, die weniger als zwei bis drei Wochen in der Klinik sind, oder aus anderen Gründen nicht mit dem Alltag konfrontiert werden sollen. Der Parkplatz vor dem Gebäude leert sich und ich werde neidisch. Auch ich will nach Hause, in meine sichere Umgebung. Zu meiner Familie, dahin wo ich hingehöre. Dass das eine Belastung sein soll, kann ich jedenfalls noch nicht nachvollziehen.

Natürlich bin ich nicht der Letzte, alleinige Gefangene. An diesem Wochenende sind sogar einige Kategorie 4-Leidensgenossen an Bord, sodass ich mich gut beschäftigen kann und in guter Gesellschaft bin. Aber dann sind da eben auch diese Momente, wenn andere Mitgefangene von ihrer Familie besucht werden, in denen Kinder vor Freude weinend auf Mama oder Papa zu rennen. Das sind die Momente, die mich treffen, in denen ich den Aufenthaltsort wechsle, denn Besuch bekommen, das soll ich auch noch nicht.

Grundsätzlich befinde ich mich aber wieder in einer guten Grundhaltung. Den gestrigen Groll habe ich inzwischen überwunden und verfolge weiter meinen Weg. Ich bin gelassener, was die Kommentare anderer angeht und lasse mich nicht beirren. Ich bin eher gespannt, wie es in den Gruppensitzungen der kommenden Woche aussehen wird, denn ich bemerke, dass meine selbstbewusste Haltung bei anderen Mitgefangenen der Gruppe Antipathie auslöst, die sich sicherlich zu gegebener Zeit in irgendeiner Form entladen wird. Noch scheint sich aber niemand zu trauen, mich ernsthaft zu attackieren ...

Zum Überwinden meiner Wut haben mir einige Gedankenmodelle geholfen, die ich kurz aufzählen möchte:

Erstens: Ich habe mich gefragt, warum ich diese Wut in mir trage. Dabei bin ich zu der Erkenntnis gelangt, dass ich zunächst mal nicht wütend, sondern enttäuscht war. Ich war stolz darauf, den vermeintlichen Weg zur Genesung gefunden zu haben, nur freute sich enttäuschenderweise kaum jemand mit mir. Ganz im Gegenteil, fühlte ich mich dafür verachtet, ganz gleich ob es diese Verachtung tatsächlich gegeben hat, oder ob sie nur in meiner Wahrnehmung existierte. Dieses primäre, unangenehme und unkontrollierbare Gefühl der Enttäuschung, habe ich durch die für mich wesentlich kontrollierbarere Wut kompensiert.

Zweitens: Vielleicht war es gut, in eine solche Situation, in eine Konfliktsituation zu geraten, denn hey, das ist das wahre Leben. Diese gehören zum Alltag, genau wie Enttäuschungen. Ich habe hier Gelegenheit zu lernen, damit umzugehen, ohne in Wut und damit auch wieder in eine dieser depressiven Stimmungen zu geraten. Ich habe gestern gelernt, dass das noch nicht wirklich gut funktioniert.

Drittens: Alles fließt. Ja, ihr lest richtig. Der Esoteriker in mir spricht! Ich erkläre es ... Um mit der Situation und mit meiner Wut umzugehen, habe ich mir folgendes Bild zurechtgelegt: Ich sitze an einem Fluss. Es schwimmen verschiedenste Dinge an mir vorbei. Gute und auch Schlechte. Da ich aber am Ufer, sozusagen in meiner inneren Mitte sitze, bin ich derjenige, der sich die Dinge herausfischen kann, die er für nützlich erachtet. Alle anderen Dinge schwimmen und fließen an mir vorbei und verschwinden in der Ferne. Wichtig für mich: Ich schaue mir alles an, was da angeschwommen kommt, ignoriere nichts. Ich bestimme jedoch, was ich herausfischen will und für mich verwende. So halte ich es auch mit dem gestrigen Erlebnis. Ich fühlte mich wütend und enttäuscht. Und es war gut, dass ich das war, denn ich habe gelernt, was mich bewegt. Ich habe wieder ein kleines Stück mehr darüber gelernt, warum ich in die Krankheit geriet. Offenbar reagiere ich empfindlich darauf, wenn Leistungen auf die ich stolz bin, keine Anerkennung finden. Davor scheine ich Angst zu haben und wenn eine solche Situation dann auch noch eintritt, ist es ebenso tragisch für mich. Dann tritt vor lauter Enttäuschung die Zicke in mir zutage. Diese Erkenntnis ist der Teil, den ich mir diesmal aus dem Fluss fische. Den Rest lasse ich weitertreiben und in der Ferne verschwinden.

Viertens: Vor der eigentlichen Enttäuschung steht also Angst. Es ist Angst, die mich steuert, von der ich mich steuern lasse. Es ist sicherlich ein Grundgefühl, das natürlicherweise in jedem von uns steckt, das meines Erachtens jedoch immer erst von äußeren Faktoren ausgelöst oder getriggert werden muss, um zu existieren. Andere Menschen machen uns Angst. Geschichten in den Medien, mögliche Sanktionen, negative Erlebnisse oder Institutionen. Angst ist etwas, das von außen generiert oder auf Basis schlechter Erfahrungen aus der Vergangenheit ausgelöst wird und uns dann im Innern steuert. Auslöser kommen also nicht aus uns selbst und erst recht nicht aus unserer inneren Mitte, dem ›Ich‹-Begriff. Und auch hier liegt für mich erneut die Lösung am Flussufer: Ich muss es künftig schaffen, Angst und beängstigende Situationen mit Hilfe der inneren Mitte zu betrachten, schlicht damit jene Ängste und Situationen nicht mich steuern, sondern damit ich der Mann am Steuerrad bleibe. Damit wären wir also wieder beim Thema: Ich muss mich darin üben, die Gelassenheit, die innere Mitte aktiv hervorholen zu können.

Das Universum hat mich jedoch auch heute hinsichtlich meiner Gelassenheit auf die Probe gestellt. So hatte ich mich um neun Uhr am Morgen, so wie viele andere Mitgefangene auch, vor dem Arztzimmer des Stationsarztes einzufinden. Am Wochenende funktioniert die Visite für Patienten, die weniger als zwei Wochen im Haus sind, nämlich umgekehrt. Hier kommt quasi der Berg zum Propheten, der Patient zum Arzt. Dies bringt es mit sich, dass sich schon gegen halb neun in der Sitzecke, in unmittelbarer Nähe zum Arztzimmer, die ersten Patienten einfinden. So also auch ich. Mit einem Buch bewaffnet, genoss ich die durch die Glasfassade einfallende Sonne nach dem Frühstück. Hier ließ es sich aushalten! Ein voller Bauch, Sonne, ein Buch ... Was wollte ich mehr?

Antreten musste ich ja eh, also konnte ich mich auch schon jetzt hier niederlassen und noch einige Seiten lesen. Und: Ich würde sogar der erste Patient der Visite sein! Eigentlich egal, denn Zeit hatte ich ja ohnehin in rauen Mengen. Dennoch hatte ich die Rechnung ohne den Wirt gemacht. Dieser trat nämlich zehn Minuten später in Form eines Gefangenen der Kategorie 1 ›The walking dead‹ auf. Mit leerem, unzurechnungsfähigem Zombieblick ließ sich diese Hülle einer Menschenseele doch tatsächlich mit dem Hintern auf den Fußboden, direkt vor die Tür des Arztzimmers fallen, um sich Platz eins bei der Visite zu sichern! Konnte ich meinen Augen trauen? Tat der Zombie das wirklich? Seit wann haben Zombies eine Taktik? Nun ja, während die dunkle Seite meines Seins, mein ›Außen‹, mir befahl, den Zombie endgültig ins Jenseits zu schicken, setzte sich die innere, gelassene Mitte durch. Immerhin war der Typ krank und konnte wohl nichts dafür. Und ich hatte ja Zeit! Im Übrigen schien das Teil seines Problems zu sein, denn ich hatte ihn auch schon des Öfteren im Klinik-restaurant entdeckt, noch bevor dies überhaupt offiziell geöffnet hatte. Er war seiner Zeit eben immer voraus. Leben und leben lassen! Sofern man das bei Zombies so sagen darf.

Positiv werte ich auch, dass ich wieder Spaß daran entwickle, etwas für mich selbst zu tun. Ich habe Sport getrieben. Einfach so, ohne etwas kompensieren zu wollen! Und ich war erstmals in der Klinik-Sauna und es tat einfach nur gut. Je entspannter ich also werde, umso aktiver scheine ich auch wieder zu sein. Aktiv ohne Druck von außen: Ein gutes Gefühl!

Tag 12

꜀꜀꜀꜀꜀ 𝍸𝍸𝍸𝍸 𝍸𝍸

Irgendwie ist es doch auch mal erfreulich berichten zu können, nichts berichten zu können. Ich bin entspannt, ja, einfach nur entspannt, denke an nicht viel. Ein wenig Heimweh durchmischt den Tag und ich habe am Abend wenig Lust, allein ins Bett zu kriechen. Aber das liegt wohl in der Natur der Sache.

Ansonsten genieße ich das schöne Nichtstun. Das Wetter ist gut, ich gehe viel spazieren. Ja, ihr lest richtig: Ich gehe spazieren. Ohne Ziel, einfach nur, um Wetter und Landschaft zu genießen. Noch vor einigen Tagen war das undenkbar. Und alles ohne Pillen. Ohne Schlafmittel, ohne Antidepressiva. Erstaunlich! Mir selbst einzugestehen, dass ich gern spazieren gehe, jagt mir zwar selbst einen Schauer über den Rücken, aber ich denke nicht weiter darüber nach.

Umso Erstaunlicher auch, dass mich nichts mehr wundert. Mich irritieren keine Mitgefangenen, die sich barfuß und im gelben T-Shirt in ein Rapsfeld stellen, um sich ›wie ein Raps‹ zu fühlen und ›Kontakt zur Erde‹ aufzunehmen und dabei ›Yellow‹ von

Coldplay singen. Ich lasse mich auch durch keine Mitgefangenen stören, die beim Essen den Salzstreuer des Nachbartischs versetzen und eine Vase drehen, um die Schönheit der darin befindlichen Blume ›besser empfangen zu können‹. Mich wundern keine Gefangenen, die noch einmal in ihr Zimmer gehen, weil sie bemerken, dass ein Zimmernachbar sein Zimmer zur gleichen Zeit verlässt, schließlich will man das Verlassen seines Zimmers ja allein ›erleben und empfinden‹. Fehlt nur noch, dass wir uns alle Alufolie um den Kopf wickeln, um uns gegen die manipulativen Gedanken Außerirdischer abzuschirmen. Insbesondere in der Klapse wird manchmal eben allzu deutlich, dass das menschliche Genom zu vierzig Prozent dem einer handelsüblichen Banane gleicht, wie ich irgendwo gelesen habe.

All das ist einfach da. Ich nehme es zur Kenntnis und schmunzle über so manchen Schritt der Heilung meiner Mitgefangenen. Und irgendwie gönne ich es ihnen auch, denn sie werden für mich mehr und mehr zu Menschen, die wie ich, einfach krank sind und versuchen, gesund zu werden, wenn auch auf ihre ganz eigene Weise. Ich bin tatsächlich einer von ihnen, wenn sich auch die Krankheitsursachen unterscheiden mögen. Es ist ein völlig irrer Kinofilm, in dem ich mich hier befinde. Als Banane unter Bananen.

Tag 13

॥H॥ ॥H॥ ॥॥

Na also, das Kindchen hat einen Namen! In der heutigen ›somatischen Erörterung‹ meines Zustandes mit der Stationsärztin habe ich endlich erfahren, wie die Wissenschaft jene Krankheit bezeichnet, mit der ich hier zu kämpfen habe. Darf ich vorstellen: Rezidivierende depressive Störung mittleren Schweregrads. Rezidivierend, also sich wiederholend deshalb, weil ich erwähnt habe, dass mir jene Stimmung von Leere und Ausgebranntsein auch zu Abiturzeiten nicht ganz fremd war, wenn auch in abgeschwächter Form. Ob das nun Teil der Krankheit war, wage ich mal zu bezweifeln, aber scheinbar muss man einen stationären Aufenthalt in einer Klinik ja auch sauber untermauern. Physisch bin ich fit, was Blutwerte, EKG und EEG betrifft. Lediglich die am Bauch befindlichen Kilos lassen Raum für Kritik, aber das hatte ich ja erwartet. Die Hardware ist also in Ordnung und Softwareprobleme lassen sich bekanntlich lösen! Fakt ist, dass die Schmerzen und sonstigen Symptome, die mein Körper in der Vergangenheit aufwies, eindeutig ihre

Ursachen in den psychischen Symptomen zu haben scheinen. Das ist doch mal eine gute Nachricht!

Moment mal ... Depression? Fehlt da nicht was? Wo ist bitte mein Burn-out? Ich meine, Depression ... Das hört sich doch so ... schwach ... nach Verlierer an, oder? Burn-out hingegen ist im Berufsleben eine Auszeichnung! ›Er ist ehrenvoll in der Schlacht gefallen.‹, ist hier die Nachricht. Die Diagnose Depression vermittelt im Volksmund aber wohl eher ein Bild von ›Er ist umgefallen, noch ehe die Schlacht überhaupt begonnen hat, die Lusche!‹

Sei es drum, mich stört's nicht. Ich bin ja schon froh, dass jetzt überhaupt mal klar ist, was ich eigentlich habe. Und wenn ich es richtig verstehe, dann gibt es dieses ominöse Burn-out in Reinform gar nicht. Jedenfalls streiten sich die Gelehrten noch darüber. Hier in der Klinik ist man jedenfalls der Meinung, dass es sich bei einem Burn-out um einen Begriff handelt, der einen chronischen Erschöpfungszustand in Folge einer Depression beschreibt. Klingt irgendwie logisch, denn wenn es nicht so wäre, wenn man also einfach nur ›müde und ausgebrannt‹ wäre, so würde einem Burn-out-Patienten ja schließlich ein dreiwöchiger Urlaub ausreichen, um wieder fit zu werden.

Ob ich mich nun in einem solchen Zustand befinde, oder auch nicht, darüber möchte ich gar nicht nachdenken. Fest steht, ich bin in irgendeiner

Form am Ende meiner Leistungsfähigkeit angekommen. Ich bin krank und mir wird geholfen werden. Nennt es also Burn-out, Depression oder sonst wie: Das ist aus meiner Sicht erst einmal unerheblich.

Ich werte diesen Meilenstein der Diagnose also positiv, denn es macht die Sache für mich und die mich behandelnden Therapeuten greifbarer. Fernab von wissenschaftlichen Debatten haben wir nun etwas, worüber wir in einer gemeinsamen Terminologie reden können.

Positiv ist auch, dass ich am kommenden Wochenende wahrscheinlich Besuch von meiner Familie bekommen darf. Die finale Entscheidung wird hier noch im morgendlichen Meeting der Ärzte und Therapeuten getroffen, aber es sieht gut für mich aus. Ich würde mich riesig freuen, wenn die ›Stewards of the Meeting‹, wie ich sie nenne, sich in meinem Sinne entscheiden würden!

Übrigens tagen die Stewards an jedem Werktag. Die Therapeuten und Ärzte betrachten hier einen jeden Patienten und dessen Entwicklung aus der Sicht der verschiedenen Disziplinen der Behandlung. Aus dieser Gesamtsicht werden danach offenbar die weiteren Schritte hergeleitet. So weit, so gut. Dies geschieht allerdings hinter verschlossenen Türen, weshalb diese Veranstaltung bei vielen Patienten recht geheimnisumwittert ist. So mancher denkt hier an Verschwörungen und Gängelei. Für mich liegt das aber eindeutig in jenen Krankheiten begründet, die hier behandelt werden und sehe das Meeting eher positiv. Da setzen sich endlich mal alle an einen Tisch und versuchen sich ein ganzheitliches Bild zu machen, um ihren Patienten optimal helfen zu können!

Heute gab es darüber hinaus ein wenig Bestätigung für mein Gedankenmodell des Ich-Begriffs. In meiner ersten Einzel-Körpertherapiestunde zeichnete die durchführende Therapeutin ein Bild, das wie eine Zwiebel aufgebaut, verschiedene Ebenen des ›Ich‹'s beschrieb:

Ganz innen, sozusagen als Kern die ›innere Mitte‹, als sehr friedlicher und sorgenfreier Ort der Freude und Gelassenheit. Eine Schicht weiter außen befindet sich die eigentliche Ebene der Emotionen, die ich als das ›Selbst‹ beschreiben würde. Hier werden in meiner persönlichen Vorstellung insbesondere negative Gefühle, wie Angst, Hass und Wut deutlich sichtbar. Last but not least, die letzte Schicht – aus meiner Sicht das Ego – das hauptsächlich vom ›Außen‹, von materiellen Dingen, Rollen und Verhaltensmustern definiert wird. In gewisser Weise bestätigt dieser Ansatz also auch mein Bild vom ›Innen und Außen‹.

Interessant ist nun die Vorstellung, dass die Schichten dieses Zwiebelmodells durchlässig sind. So wird die ›innere Mitte‹ durch die beiden äußeren

Schichten torpediert und infolgedessen geschwächt. Eine starke innere Mitte hingegen ist in der Lage, die äußeren Schichten in Schach zu halten, sie vielleicht sogar in ihrem Sinne positiv zu beeinflussen. Natürlich steckt sehr viel eigene Interpretation in diesem Modell, aber die Richtung meiner Gedanken, scheint nicht ganz falsch zu sein, was mich weiterhin bestärkt!

Mein einzig mäßiges Gefühl am heutigen Tage ist ein gewisses Heimweh. Ich wäre schlicht und ergreifend gern zu Haus, in gewohnter Umgebung bei Nadja und den Kindern, obwohl hier auch die Sorge mitschwingt, dort sogleich in alte Verhaltensmuster zurückzufallen, die mich krank gemacht haben.

Tag 14·

||||| ||||| ||||

Ich war heute nur in mäßig guter Laune unterwegs. Ich fühle mich ein wenig einsam, habe nach wie vor etwas Heimweh. Die Lust, abends allein in mein Bett zu kriechen, nimmt deutlich ab, was ja auch schon die letzten Tage vermuten ließen. Allerdings fühle oder fühlte ich mich in dieser gemäßigten Stimmung gut. Der Grund für dieses ›gut‹ liegt in einem ganz wesentlichen Unterschied, zu den negativen Stimmungen in der Depression daheim: Ich sehe einen Grund für die Stimmung. Mein Heimweh. Das macht die Sache erträglich, denn ich weiß ja immerhin, was mich belastet und kann damit umgehen. Ich kann es neutral betrachten. Und das wiederum macht es weniger furchteinflößend und vereinnahmend.

Eine solche Herleitung mag aus Sicht eines nichtkranken Menschen komisch klingen, ist für mich aber in der Tat sinnvoll, denn ich betrachte diesen Vorgang aufgrund der Erfahrungen der letzten Monate folgendermaßen: Viel schlimmer als eine negative Stimmung ist eine negative Stimmung, deren Ursache im Verborgenen liegt und die somit in keiner Weise greifbar und kontrollierbar ist. Sie hat neben der fehlenden Ursache nämlich auch kein absehbares Ende. Und genau das ist das Problem der Depression: Diese quälende Unkontrollierbarkeit, dieses völlige ›in der Luft hängen‹. Es ist einfach schwer zu beschreiben. Es ist die pure Hilflosigkeit in einem Leben, in dem man auf Kontrolle und Bildung als Allzweckmittel fokussiert wurde.

Verstärkt wurde die eher negative Stimmung – aber auch das positive Gefühl, die Ursache zu kennen und damit umgehen zu können – in der heutigen Körpertherapie-Einzel-Sitzung. Durch gezieltes Atmen und Entspannen scheinen Empfindungen schlicht mehr Raum zu bekommen und können deutlicher wahrgenommen werden. Auch das klingt aus ›gesunder‹ Sicht sicherlich komplett Banane und esoterisch. Wenn man als Patient bisher allerdings das kleine Einmaleins der Emotion völlig ausgeblendet hat, ist es ganz sinnig, hier in etwas überzeichneter Form daran erinnert zu werden.

Das war es dann aber auch mit dem positiven Teil des Tages, denn der erste Schreck wartete in der nun folgenden Gruppentherapiesitzung auf mich. Heute ging es um Atemübungen, die jedoch mit Hilfe eines Partners durchzuführen waren. So sollte jeweils der eine Partner seine Hände auf verschiedene Körperbereiche des anderen Partners legen, um dort die Atembewegungen zu ertasten. Aus Gründen, die ich nicht näher benennen kann, brannten plötzlich diverse Sicherungen bei mir durch. Ich verweigerte es, mir einen Partner zu suchen, lief nervös auf und ab, wollte weder jemanden anfassen, noch angefasst werden. Nicht von diesen fremden Menschen in der Gruppe, die ich nicht als meine Vertrauenspersonen anerkannte. Ich war fast panisch und erschrak in erster Linie vor mir selbst und meinem eigenen, fast albernen Verhalten.

Es war okay. Ich musste diese Übung nicht mitmachen und mich auch nicht rechtfertigen, wurde nicht einmal kritisch beäugt. Das beruhigte mich ein wenig, dennoch betrachtete ich mich selbst beunruhigt. Das war doch nicht etwa ich? Das konnte noch nicht mein Ernst sein!

Dieses Erlebnis und der damit verbundene Schreck über mich selbst machten mich nachdenklich und traurig. Wieder so eine Macke, die mir selbst zumindest in dieser starken Ausprägung fremd gewesen war. Ich wurde und werde von Fremden nicht gern angefasst, klar, aber eine solch starke Abwehrreaktion? Das war untypisch für mich!

Während ich noch versuchte, mich von diesem Schreck zu erholen, stand schon der nächste Termin auf dem Plan: Einzelgesprächstherapie. Ich berichtete davon, was geschehen war und zu meiner Überraschung trug allein das Reden über die Situation ein wenig zu meiner Beruhigung bei. Wie dieses

Verhalten ins Gesamtbild passt, das wird sich sicherlich später noch zeigen, aber ich hatte zumindest darüber gesprochen. Dennoch blieb auch die Einzeltherapie nicht frei von kleinen Dingen, die mich heute tief im Innern trafen. Zum einen unterschrieb ich ein Dokument für die Krankenversicherung. Hierin standen die komplette Diagnose und Formalitäten zur Kostenübernahme, sowie die Verlängerungsempfehlung meines Aufenthalts auf sechs Wochen. Hinsichtlich der Diagnose gab es da wenig Neues zu lesen. Ich erblickte hier jedoch das komplette und vor allem geballte Abbild meiner Krankheit und spezifischen Verhaltens und es fühlte sich an wie ein Schlag in den Magen. Wie gesagt, es war nichts, was mir neu gewesen wäre, aber die geballte Masse fühlte sich schlimm an und machte mir das potenzielle Ausmaß der Krankheit bewusst.

Zudem sollte ich mich auch noch dafür rechtfertigen, mich auf meine Familie zu freuen. So zumindest kam folgende Nachfrage in meinem Ohr an:

»Herr Mette, warum freuen Sie sich so sehr auf den Besuch?«, so die Therapeutin. Und dann kam er, der Fehler, den man unter Profis wohl als ›therapeutisches Geschenk‹ bezeichnen würde. Ich antwortete:

»Weil ich bei meiner Familie auftanken kann.« BAAAMS! Eigentor! Es kam die Frage, die kommen musste:

»Warum benötigen Sie ihre Familie, um aufzutanken? Warum können Sie das nicht bei sich selbst?«

Jetzt stieg die Wut in mir auf. Ich fühlte mich verraten. Nein, man hatte mich angegriffen und in die Ecke gedrängt. Jedes Wort legte man hier auf die Goldwaage und drehte es mir im Munde um, so empfand ich es zumindest. Wollte man mir hier gerade einreden, dass ich emotional abhängig von Nadja und den Kindern sei? Dass ich ohne diese Bezugspersonen nicht lebensfähig wäre? Das ist Schwachsinn! Aber ich hatte eben spontan auch keine Argumente, diesen Verdacht auszuräumen, fühlte mich missverstanden und fehlinterpretiert.

Inzwischen ist mir klar, dass ich ein falsches Wort verwendet habe. ›Auftanken‹ scheint zumindest interpretieren zu lassen, dass meine Familie die einzige ›Tankstelle‹ für mich sei, was ja auch eine Abhängigkeit beinhalten würde. Für mich ist meine Familie, aber nur EINE Tankstelle, wenn auch jene, die ich gern und häufig ansteuere. Weitere ›Tankstellen‹ finden sich in mir selbst, der Musik, in Freunden und Dingen, die mir Freude bereiten. Meine Familie ist eine wichtige Tankstelle, aber hey, meine Familie tankt auch bei mir! Es ist ein Geben und Nehmen. Man könnte es auch ›Verbundenheit‹ oder ›Liebe‹ nennen. Und genau so funktioniert in meiner Welt Familie seit Jahrtausenden und das lasse ich mir auch nicht ausreden! Den therapeutischen Nutzen der Nachfrage verstehe ich aber schon ... Eine deutliche Abhängigkeit an dieser Stelle wäre eindeutig nicht gesund für mich, was die Nachfrage sinnvoll und notwendig macht. Der vermeintliche Angriff entspringt daher wohl ausschließlich meinem Gefühl und hatte wohl eher den Sinn, mich nachdenken zu lassen. So hat diese kleine Debatte mich zwar zum Grübeln angeregt und mir wieder einen kleinen Teil von mir selbst gezeigt, meine Vorfreude auf den bevorstehenden Besuch jedoch auch getrübt. Ich bin derzeit eben sehr dünnhäutig.

Wiederum befangen von diesem Erlebnis und noch immer geplättet durch den Schreck am Vormittag, stand der nächste Programmpunkt an: die Depressionsgruppe. Sinn dieser Gruppe ist weniger die Therapie, als mehr die Vermittlung von Informationen über die Krankheit durch den Therapeuten. Was ist eine Depression, und wie lässt sich damit umgehen? In meiner derzeitigen Stimmung habe ich vieles nicht mitbekommen, dazu war ich noch zu sehr mit den bisherigen Ereignissen des Tages beschäftigt. Eine Nachricht hat sich jedoch in mein Hirn gebrannt: Die Neigung zur Depression ist nicht heilbar!

Nach dem Auftreten einer solchen Episode liegt die Wahrscheinlichkeit des Eintretens einer weiteren bei etwa 80%. Der Inhalt dieser Nachricht war für mich so kurz wie einfach: Es bedeutete, dass ich chronisch krank bin, dass ich ein Leben lang mit dem Thema einer weiteren depressiven Episode zu tun haben würde, niemals mehr zu meinem unbedarften, ›normalen‹ Leben zurückfinden kann. Ein weiterer Schlag, der mich bis in den nächsten, nun folgenden Termin der Gruppentherapie begleitete. Hier war ich nur noch physisch anwesend. Ich fühlte mich fertig, müde, erschöpft und leer, ohne jegliche Ahnung, wie es weitergehen soll.

Dieser Tag, dieses vollgepackte Programm, all die Eindrücke und Nachrichten, ohne die Gelegenheit, die Informationen in aller Stille zu verarbeiten, waren einfach zu viel. Ich fiel in ein tiefes Loch der Hoffnungslosigkeit, ganz so, wie es in der schlimmsten Zeit zu Hause gewesen war, weshalb ich mich nun in einer Klinik befand. In diesem Moment, so das Gefühl, stand ich wieder ganz am Anfang, legte mich angezogen, so wie ich war, in mein Bett, starrte für Stunden an die Decke. Was nun in mir war, war Hoffnungslosigkeit, Einsamkeit, das Gefühl keinerlei Kraft mehr zu haben, nicht gewinnen zu können, aufgeben zu wollen.

Tag 15

‖‖‖ ‖‖‖ ‖‖‖

Ich habe schlecht geschlafen, bin müde. Dennoch ist meine Stimmung besser als am gestrigen Abend. Ich habe wieder mehr Kraft in mir, bin froh, dass dieses Tief nur kurz angedauert hat. Das ist eindeutig ein Fortschritt! Ich scheine schneller wieder Kraft zu schöpfen. Trotzdem hat mir dieser Rückfall auf härteste Art gezeigt, dass ich bei weitem noch nicht gesund bin. Erlebnisse dieser Art rauben mir nach wie vor für eine Weile die Motivation.

Ich kenne inzwischen viele der Auslöser und Verhaltensweisen, die mich in diese depressive Lage stürzen. Mir sind einige Zusammenhänge klar. Dennoch kann ich sie nicht kontrollieren oder abfangen. Es ist, als seien jene Kausalitäten in meinem Kopf, aber eben nicht in meinem Innern angekommen, wo sie umgesetzt werden müssen. Ja, hier und jetzt reagiere ich auf Kritik und Konflikte unglaublich empfindlich, als sei mein Selbstwertgefühl schlicht und ergreifend nicht vorhanden. Kommt es zu einem Konflikt, gleicht das für mich einem Weltuntergang. Auch solche Dinge haben im Alltag unterschwellig, kaum spürbar, sicherlich

dazu beigetragen, dass mir die Energie abhanden-
kam. Aber hey, so funktioniert doch das Leben!

So eine große Mimose kann ich doch nicht sein!
Bin ich überhaupt noch in der Lage, ein normales
Leben zu führen, oder muss ich mir nun eine
Hippie-Kommune suchen oder mich als Eremit
isolieren, um zu überleben? Nein, mein Ziel muss es
sein, wieder gelassener und stabiler zu werden!
Momentan scheint dieses Ziel jedoch weit entfernt
zu sein. Ich habe das Gefühl, mich selbst nicht zu
kennen. Wer bin ich eigentlich?

Zum Glück hat sich die Stimmung im Laufe des
Tages weiter aufgehellt. Mein Therapieprogramm
war heute weniger eng getaktet und ich hatte Zeit
spazieren zu gehen, die Dinge zu verarbeiten und
mich zu erholen.

Zwei Dinge sind mir hierbei aufgefallen: Konflikte
scheinen also Auslöser für meine depressiven
Episoden zu sein. Eigentlich habe ich kein Problem
mit Konflikten, aber eine ganz besondere Art,
nämlich jene zu wichtigen Bezugspersonen, greifen
mich an. Das mag darin begründet sein, dass
scheinbar im Hintergrund immer eine gewisse
Angst mitschwingt, mit diesen wichtigen Bezugspersonen nachhaltig zu brechen. Dies wiederum
könnte Ursachen in einigen Erlebnissen in meiner
Kindheit haben. Hier trägt sich zumindest erneut ein

stimmiges Bild zusammen. Ein Schritt in die richtige Richtung.

Darüber hinaus habe ich noch einmal über meine vermeintlich unheilbare Krankheit, die Depression, nachgedacht: Zwar mag diese, beziehungsweise die Neigung zu depressiven Episoden, nicht gänzlich heilbar sein, aber sie ist sehr gut behandelbar. Und das vermutlich sogar ohne stetige Einnahme von Medikamenten. Ein Schlüssel liegt hier in der Erkennung und Vermeidung oder Anerkennung jener ›Trigger‹, die die Depressionen auslösen können. Und genau deshalb war meine gestrige Erfahrung eine gute, denn sie bringt mich diesen Triggern näher. Lerne ich mehr über sie und das daraus resultierende negative Verhalten, kann ich die Krankheit besser unter Kontrolle bringen. In diesem Fall muss es nämlich nicht die Vermeidung, sondern die Anerkennung der Trigger sein.

Viele Dinge sind einfach weniger beängstigend, wenn man sie kennt und sich darauf vorbereiten kann. Ich halte also doch eine ganze Menge selbst in der Hand. Im Idealfall habe ich mittelfristig also eine Art schlummernder Krankheit, die nicht unbedingt ausbrechen muss, wenn ich nur achtsam genug mit mir selbst umgehe. Dieser Gedanke ist doch schon deutlich angenehmer.

Tag 16

|||| |||| |||| |

Ich habe wirklich gut geschlafen. Meine Stimmung ist wieder positiv, so wie ich mich selbst kenne. Auf Normalnull sozusagen.

Auch heute ließ mir der Terminplan viele Pausen, sodass ich mich weiter erholen konnte. Darüber hinaus habe ich in der Körpertherapie wieder einiges zum möglichen Tathergang lernen können, der dazu führte, dass ich da bin, wo ich momentan eben bin:

Es gibt offenbar Untersuchungen, die das Verhalten des Gehirns vor dem Hintergrund der ständig wachsenden Anforderungen im Berufsleben, beobachtet haben. Wissenschaftler würden mich für die nun folgende Beschreibung vermutlich in die ewige Verdammnis schicken, aber ich versuche es einfach mal:

Vereinfacht ausgedrückt, wird der Arbeiterameise von Welt mehr und mehr abverlangt. Dies bringt es mit sich, dass wir versuchen im ›Multitasking-Modus‹ zu arbeiten, also viele Dinge zeitgleich zu erledigen. Leider kennt das Gehirn aber keinen solchen ›Multitasking-Modus‹ – weder bei Frauen, noch bei Männern! Es erledigt die anstehen Aufgaben stets sequenziell. Somit wird es also gezwungen, recht schnell, in sehr kurzen Abständen von Aufgabe A zu Aufgabe B, wieder zurück zu Aufgabe A, hin zu Aufgabe C und erneut zu Aufgabe B zu springen. Dieses Springen wiederum erfordert das Bilden, aber auch das stetige Auflösen neuronaler Verbindungen und verbraucht damit enorm viel Energie, die für diesen Prozess notwendig ist. Noch dazu werden in diesem Zuge feste, zuvor stetige neuronale Verbindungen aufgelöst, die beispielsweise einmal dazu dienten, fokussiert zu arbeiten, Gedächtnisleistung zu erbringen, Entscheidungen zu treffen oder Aufgaben zu priorisieren.

Das Ergebnis ist also ein enormer Energieverlust sowie die Auflösung bewährter neuronaler Verbindungen. Zu gut Deutsch würde ich sagen, dass meine Arbeitsweise der letzten Jahre mein eigenes Hirn in eine Art Matschhaufen verwandelt hat, um der wissenschaftlich haltbaren Beschreibung der Zusammenhänge mal endgültig abzuschwören. Und hier liegt der sprichwörtliche Hase im Pfeffer: Um diesen selbstzerstörerischen Prozess zu durchbrechen, schaltet das Gehirn in eine Art Notfallmodus, um das Überleben des Organismus zu sichern. Kurz bevor also gar nichts mehr geht, wird der Matschprozess brutal unterbrochen. Leider sieht dieses

Überleben jedoch etwas trist aus, denn jener Notfall-modus spiegelt sich in der Depression, in Antriebs-losigkeit, Leere und Hoffnungslosigkeit wider. Es ist das reine Funktionieren des Körpers, bei dem der Geist eindeutig zu kurz kommt, denn dieser verzweifelt daran. Voilà: Fertig ist der Zombie.

Aus diesem Grunde erlerne ich nun ein mentales Fokussierungstraining. Stetige neuronale Verbin-dungen sollen wieder gestärkt werden, um auf diese Weise eine normale Funktionstüchtigkeit des Gehirns wiederherzustellen. Eine wichtige Voraus-setzung, wieder entscheidungsfähiger zu werden, komplexe Zusammenhänge zu erfassen und besagte Aufgaben priorisieren zu können. Behält man dieses Fokussierungstraining, das nur zehn Minuten täglich erfordert bei, so sinkt auch die Gefahr des beschriebenen Prozesses, der die nachhaltige Auflösung konstanter neuronaler Verbindungen bewirkt. Jeder, der es einmal ausprobiert wird nun sehen, wie viel Disziplin es erfordert, diese täglichen zehn Minuten auch wirklich zu investieren. Das ist gar nicht leicht. Auch nicht in einer Klinik, in der man sehr viel Zeit für solche Dinge hat. Aber es ist eben auch anstrengend.

Die realen, wissenschaftlich belegbaren Zusammenhänge sind sicherlich deutlich komplexer, aber ich erhebe ja nun nicht den Anspruch Neurologe zu werden. Auch hier hilft mir wieder eine Skizze im Kopf, die mich in meinem groben Verständnis voranbringt.

Tag 19

|||| |||| |||| ||||

Ich bin aber auch ein Faulpelz! Zwei Tage lang habe ich nun schon nichts mehr in mein Tagebuch geschrieben. Das liegt daran, dass das Wetter bestens war und es mir schlicht gut ging!

Meine Familie hatte mich von Freitag auf Samstag besucht. Ein kleiner Ausflug in den Zoo, gemeinsame Mahlzeiten: Meine Welt war einfach in Ordnung! Zwar war es eine anstrengende Reise für Nadja und die Kleinen, aber ich weiß jetzt, dass ich insbesondere von klein Amelie noch nicht vergessen wurde. Mein ganzer Hühnerhaufen, Nadja eingeschlossen, kennt mich noch und hat mich ganz fest gedrückt. Ich weiß nun wieder sehr genau, dass daheim trotz der erschwerten Umstände meiner Abwesenheit alles gut ist und das gibt mir die Ruhe und die Kraft, mich weiterhin mit meiner Gesundung zu befassen.

Der Sonntag bestand somit aus Lesen, Sonne und Sauna. Ich erkenne mich selbst kaum wieder: Inzwischen lese ich das dritte Buch hintereinander und ich kann nun wirklich nicht von mir behaupten, eine

Leseratte zu sein. Was etwas Ruhe doch mit einem anrichten kann!

Mein Interesse an der Welt und deren Funktionieren steigt stetig. In erster Linie betrifft das hier in der Klinik natürlich die Beobachtung meiner Mitgefangenen. Ich versuche, nach wie vor zu verstehen, wie diese Krankheiten funktionieren, was sie auslöst und was sie mit den Menschen anrichten. Ich hoffe, irgendwie durch die Beobachtung anderer mehr Verständnis für meine eigene Situation entwickeln zu können. In der Entspannung habe ich in diesem Zug ein absolut subjektives Ranking, jener Berufszweige aufgestellt, deren Anhänger sich am häufigsten in der Klinik befinden.

Da wären unangefochten auf Platz eins die Mediziner. Ärzte aller Art. Zahnärzte, Intensivmediziner, Amtsärzte, Chirurgen, Oberärzte aller Disziplinen. Der ständige Druck aus Schichtdiensten, komplexen Eingriffen und Patienten, die diese Dienstleister und Handwerker eben nicht mehr als Götter in Weiß ansehen, scheint seinen Tribut zu fordern. Auffällig häufig finden sich hier übrigens auch Kategorie-3-Patienten, also Suchterkrankungen.

Auf Platz zwei sind wohl die Lehrer zu finden. Ich kann's nachvollziehen. Wenn man schon morgens in die Klasse kommt und an Stelle eines »Guten Morgen, Herr/Frau Meier« ein »Ey, was guckst du, du Opfer?!«, zu hören bekommt, macht's ja auch irgendwie keinen Spaß mehr.

Platz drei geht an, man höre und staune, die Geistlichen: Katholiken, Protestanten, spirituelle Heiler und Yoga-Lehrer. Das hätte ich nun nicht gedacht! Immer dann wenn ich höre, dass ein solcher Kollege an einer Depression leidet, denke ich: »Eindeutig den Job nicht verstanden!«, oder »Wohl den Kontakt zum Chef oder zum Universum verloren ...«. Ich meine, wer wenn nicht diese Berufsgruppe sollte denn so richtig im Reinen mit sich sein? Das könnte man zumindest denken. Offensichtlich ist dem wohl nicht so.

Platz vier geht an Kollegen aus der IT- und Beratungsbranche. Softwareentwickler, Projektleiter, Unternehmensberater. Die klassischen Druckpositionen des berühmten ›Business‹.

Platz fünf: die Künstler. Kunstgutachter, Musiker, Freigeister. Nun ja, so ganz fern bin ich ja auch dieser Berufsgruppe nicht. Hier liegen Genie und Wahnsinn von Natur aus irgendwie nah beieinander ...

Last but not least hätten wir dann noch eine Berufsgruppe, die im Grunde keine ist. Töchter und Söhne von wohlhabenden, wirklich wohlhabenden Menschen. Ich meine so richtig wohlhabend! Oftmals zeichnen sie sich durch absolut überhebliches, fast schon fremdpeinliches Verhalten aus.

Hier ist die Depression offenbar Ergebnis der Jobs der Eltern, vielleicht von durch Geld erstickte elterliche Liebe oder auch des Überforderungsgefühls, nicht an die Erfolge der Eltern anknüpfen zu können. Ich weiß es nicht und will es lieber auch nicht wissen ...

Fakt ist: Fast alle Patienten in dieser Klinik haben aus den verschiedensten Gründen mit Angst, Druck aus vermeintlichen Anforderungen ihres Umfelds oder Desillusionierung zu tun. Infolge dessen entstand innerer Stress und das Unheil nahm in einer Art Spirale seinen Lauf. Eine wenig detaillierte Diagnose, ich weiß, aber wieder so ein einfaches Modell für meinen Kopf, wenn es darum geht, was ich für mich künftig vermeiden muss.

Nicht zu vergessen ist, dass ich mich in einer Privatklinik befinde, was sicherlich Einfluss auf die Berufsgruppen hat. Mich würde dennoch mal die offizielle Statistik der von Depressionen betroffenen Berufsgruppen interessieren. Vielleicht könnte man dann dem Nachwuchs gute Tipps in Sachen Berufswahl geben ...

Je mehr ich dieses Ranking betrachte, umso mehr ärgere ich mich auch über einige Gespräche in der letzten Woche. Hier ging es recht häufig darum, dass man sich nach dem Klinikaufenthalt zur Ruhe setzen wolle. Die meisten der Mitgefangenen scheinen tatsächlich ein derart ausreichendes Finanzpolster zu haben, oder aber durch Verwandte versorgt zu sein, dass ihnen das möglich ist. Bei mir sieht das anders aus. Ich hab noch einige Jährchen meines beruflichen Daseins vor mir und die Schäfchen noch nicht im Trockenen. Die Option ›Beine hoch‹ gibt's bei mir nicht. Ich muss mir noch Sorgen um die Finanzen machen und stoße an dieser Stelle hin und wieder auf Unverständnis: Immer dieses leidige Thema, dieses Geld. Tja, ich bin wohl einfach zu jung für eine Depression. Zukunftsängste ... wie ordinär!

Nachgedacht habe ich auch über einen Begriff, den ich in der letzten Woche in meiner Diagnose gelesen habe: Hier wird der Verdacht der Neigung zur Dissimulation dokumentiert. Frei übersetzt bedeutet das, dass man mich des Herunterspielens von Krankheitssymptomen verdächtigt. Wie bitte? Ticken die noch sauber? Herunterspielen? Nur weil ich nicht unter Libidoverlust leide? Zumindest ist das immer eine der ersten Fragen, die sie einem hier in irgendwelchen Fragebögen zur Einordnung des Schweregrads der Krankheit stellen. Mich ärgert das, denn ich bin der festen Überzeugung, dass ich in allen Tests und auf alle Fragen ehrlich geantwortet habe. Schließlich will ich ja adäquat behandelt und wieder gesund werden.

Aber Moment mal: Bin ich auch ehrlich mir selbst gegenüber gewesen? Was den nicht vorhandenen Libidoverlust angeht, bin ich mir da zwar umso sicherer, je länger ich mich hier in Isolationshaft befinde, aber was ist mit den Fragen zu Ängsten und Unruhe? Da bin ich mir plötzlich nicht mehr ganz so sicher. Ich meine, wann habe ich in den letzten Jahren mal zu jemandem gesagt, dass es mir richtig schlecht ging? Es scheint mir sogar, als wäre es mir unhöflich oder pessimistisch vorgekommen, wenn ich auf die Frage nach meinem Befinden immer ehrlich geantwortet hätte. Schließlich ist man ja stets geschäftstüchtig und nahezu unbesiegbar als Mann, selbst wenn man mal gesundheitlich angeschlagen ist. Hatte ich also auch so manche Frage bei den Untersuchungen hier in der Klinik zu optimistisch beantwortet? Hätte man mich vielleicht sogar mit Medikamenten vollgestopft und würde ich jetzt angenehm benebelt durch den Klinikalltag schweben, hätte ich nur realistischer geantwortet?

Ich bin mir unsicher. Unsicher, ob ich mir selbst gegenüber ehrlich genug bin. Wie auch immer es ist: Ich bin froh, keinerlei Pillen zu schlucken! Ich will das hier selbst, aus eigener Kraft schaffen, ohne meine Stimmung zu manipulieren. Ich möchte wissen, dass ich gute Laune habe, weil ich eben gute Laune habe und nicht, weil irgendwelche Botenstoffe in mein Hirn gepumpt wurden. ›Fucking Neurotransmitter‹ ist nicht umsonst ein hochfrequentierter Ausdruck unter den Mitgefangenen.

Noch dazu ist mir etwas aufgefallen: Mir ist ja bereits klar geworden, dass ich gern dem Konflikt mit wichtigen Bezugspersonen aus dem Wege gehe. Dieses Bild hat sich etwas konkretisiert. Es scheint inzwischen mehr der Fall zu sein, dass ich es grundsätzlich um jeden Preis vermeiden möchte, Dinge zu tun, die irreversibel sind. Bloß keinen eklatanten Fehler machen, der sich nicht wieder gut machen lässt! Dieses Sicherheits-Denken scheint tief in mir verankert zu sein. Dies führt dann auf der Kehrseite dazu, dass ich stets und ständig neue sicherheitsbringende Dinge plane und Risiken abwäge. Mehr noch: Ich versuche, durch entsprechenden Erfolg mir eine Art Positiv-Erfolgs-Sicherheits-Polster zu schaffen, von dem ich im Falle eines Misserfolgs zehren kann. Dies führt auch in meiner Freizeit unweigerlich in jene ›Nur noch dieses eine Projekt‹-Haltung, die mich nicht ruhen lässt. Es ist dieses kontinuierliche, fast pathologische Bedürfnis, immer weitere vermeintliche Sicherheiten zu schaffen.

Tag 20

||||| ||||| ||||| |||||

Ich bin mir sicher: Ich schaffe es noch, mich so richtig unbeliebt innerhalb meiner Therapiegruppe zu machen. Warum? Weil ich eben kein Gruppenmensch bin! Zumindest nicht hier, unter diesen Umständen. Es ist auch nach nunmehr drei Wochen in der Klinik noch immer das gleiche Gefühl: Ich habe mir die Menschen innerhalb der Gruppe nicht selbst als Vertrauenspersonen ausgesucht und allein die Tatsache, dass man mich zwingt, Stunden um Stunden mit ihnen zu verbringen, mir ihre Lebensgeschichten vorwärts und rückwärts anzuhören, so dass ich ihre Leiden bereits wie in der Mini-Playback-Show mit den Lippen miterzählen kann, macht sie auch nicht zu Vertrauten. So ist es nun mal! So ticke ich.

Mich ärgert das selbst. Ich weiß, dass es sicherlich zuträglicher wäre, wenn ich mich der Gruppe öffnen könnte. Aber das kann ich nicht. Auf diese Undurchschaubarkeit wurde ich im Beruf über Jahre gedrillt. Das lässt sich nicht ›mal eben‹ ablegen. Vielleicht will ich das auch gar nicht. Ich arbeite gern an den Themen mit, aber ich möchte meine tiefsten Gefühle eben nicht mit Fremden teilen. Ich möchte nicht von ihnen angefasst werden und ich möchte auch nicht, wie heute in der Gestaltungstherapie – auch liebevoll ›Klecksgruppe‹ genannt –, ein gemeinsames Bild mit ihnen gestalten. Das an sich wäre ja kein Problem gewesen, aber der Titel ›Wir, die Gruppe‹, verbunden mit Themen wie ›Welche Materialien passen eigentlich zu uns?‹ und ›Wie bringen wir uns als Gruppe zum Ausdruck?‹, lässt mich ehrlich gesagt mit dem Kopf schütteln. Ihr seid nicht meine Familie und auch keine Freunde für's Leben! Ihr seid Patienten in einer Psychoklinik und habt genauso einen an der Waffel wie ich! Und wenn wir mal ehrlich sind, zickt ihr euch täglich auf subtilste Weise an, wie auf dem Ponyhof. Und jetzt diese Heuchelei? Nun soll ich mich echt mit euch in kosmischer Harmonie vereinen, damit wir uns mit Materialien identifizieren können, was ja schon für sich allein betrachtet völlig absurd ist? Nee!

Noch nie, weder in der Schule, noch bei irgendwelchen Business-Seminaren war ich derjenige, der in einer Laborsituation den Teamplayer gespielt hat. Teamplayer bin ich dann, wenn das Team und dessen Chemie mich ansprechen, wenn die Situation ein Team erfordert, wenn ICH mich öffnen will ...

Wie bitte? Teamplayer auf eigenen Nasenfaktor? Nicht mit beliebigen Personen? Ja, richtig! So bin ich! Ich bin der Horror eines jeden Personalchefs und Therapeuten! Dafür bin ich aber umso produktiver, wenn ich erst einmal ein passendes Team gefunden habe. Ich bin eben ein Mensch, dem der Beziehungsaspekt sehr wichtig ist. Ich bin ein stinknormaler Mensch!

Ich gebe das offen zu, stehe dazu. Es ist mir wesentlich wichtiger, morgens in den Spiegel schauen zu können, als mich selbst zu verbiegen, um irgendeiner Obrigkeit oder sonst wem durch derartige Heucheleien zu gefallen.

Natürlich gibt es Menschen in der Gruppe, die ich mag, mit denen ich lachen kann, mit denen ich mitfühle. Sicherlich könnte ich mit diesen Menschen auch Probleme lösen. Aber ich erinnere noch einmal daran: Ich befinde mich in einer Klinik, in einer emotionalen Ausnahmesituation, in einer Lebenskrise, in der ich sehr verletzlich bin. Hier haben meine Flexibilität und auch die Bereitschaft die Nähe anderer Patienten zuzulassen klare Grenzen. Und das merkt die Gruppe.

Ich spüre inzwischen, dass ich kritisch für dieses Verhalten beäugt werde und ich fürchte, dass sich diese Situation weiter zuspitzen wird. Das isoliert mich zunehmend. Von Tag zu Tag fühle ich mich einsamer, aber es scheint mir auch die für mich bessere Wahl zu sein. Ja, ich will gesund werden, aber muss ich mich dafür selbst mit all meinen guten und schlechten Eigenschaften komplett aufgeben? Wer bin ich denn dann noch? Nein!

In der Einzeltherapie ist es das Gegenteil. Hier bin ich offen, habe großes Vertrauen zu den Therapeuten. Dass es jedoch auch hier noch große Barrieren gibt, das hat sich heute in der Einzel-Körpertherapie gezeigt: Ich durfte mich mit dem Rücken zur Therapeutin auf einen Hocker setzen. Vorsichtig näherte sie sich mir von hinten – kein Problem. Keine Nervosität. Ihre Hände berührten meine Schulterblätter – kein Problem, es war sogar angenehm. Ich hatte Vertrauen. In der Gruppe wäre schon dieses Szenario undenkbar für mich gewesen. In der nächsten Stufe ging es darum, mich langsam zurückzulegen, das Gewicht meines Oberkörpers in die Hände der Therapeutin fallen zu lassen. Auch hier hatte ich zwar Vertrauen, jedoch war es mir einfach nicht möglich, das letzte Bisschen Spannung aus meiner Bauchmuskulatur entweichen zu lassen, also komplett in den Armen der Therapeutin zu liegen. Es war mir nicht möglich loszulassen, so sehr ich es auch versuchte.

Hätte sie mich also plötzlich fallen lassen, wäre ich nicht einfach vom Hocker gestürzt, sondern wäre in der Lage gewesen, mich abzufangen, also nicht mit dem Kopf auf dem Boden aufgeschlagen. Hier zeigt sich wieder das Problem: Kontrolle aufgeben und anderen bedingungslos Vertrauen, das kann ich nicht. Wiederum eine Sache, die mich traurig und deprimiert zurücklässt.

Verzweiflung und Einsamkeit sind also die Gefühle, die mich heute beschäftigt haben. Verzweiflung darüber, dass ich all die Probleme, aber noch keine alltagstauglichen Lösungen sehe. Einsamkeit aufgrund der drohenden Isolation in der Gruppe, meines Einzelkämpfer-Daseins.

Noch dazu reisen dieser Tage altbekannte Patienten ab, Neue kommen hinzu. Schade nur, dass der Altersdurchschnitt der neuen Patienten recht hoch ist und die Anzahl der Kategorie-1 und -2-Patienten deutlich steigt. Das macht auch das Leben zwischen den Therapiesitzungen nicht gerade angenehmer.

Inzwischen muss ich jedoch eine fünfte Kategorie hinzufügen:

Kategorie 2,5: ›Lovely-Strange-Ones‹

Diese Mitgefangenen gehören eigentlich zu Kategorie 2, den ›Spooky People‹, weil sie durch Verhalten abseits der Norm auffallen. Was sie aber von gewöhnlichen Kategorie-2-Patienten unterscheidet, ist ihre große Empathie und ihr liebenswertes Wesen.

Diese neue Kategorie hat natürlich mit einem ganz besonderen Erlebnis zu tun. Eine Mitgefangene hat ganz offensichtlich die Situation in der Gruppe und auch meinen inneren Kampf deutlich wahrgenommen. So geschah es, dass ich auf dem Weg in mein Zimmer durch den Klinikflur lief und von einer Stimme aufgehalten wurde, die flüsternd aus einem anderen Zimmer drang:

»Mette, warte mal ... komm doch mal her«, hörte ich und schaute durch die geöffnete Tür, ging hinein.

»Ja? Was ist denn?«, fragte ich und bereitete mich bereits auf Kritik an meiner Person aufgrund des nicht gerade herzlichen Verhaltens innerhalb der Gruppe vor.

»Darf ich dich anfassen?«, erkundigte sie sich wohlwissend, dass ich momentan nicht von irgendwem angefasst werden wollte.

»Klar«, antwortete ich etwas misstrauisch. Und dann kam, womit ich nicht gerechnet hatte:

»Ich weiß, was in dir vorgeht und ich finde, dass du ein wunderbarer Mensch bist, so wie du bist!«

Ich wurde mit einer unglaublichen Ehrlichkeit und Herzlichkeit umarmt und auf die Wange geküsst von einer Frau, deren abgefahrene und sehr gefühlsgesteuerten Verhaltensweisen mir bisher wirklich befremdlich, wenn auch immer irgendwie liebenswert vorgekommen waren. Plötzlich war ganz klar: Ich hatte diese Frau vollkommen fehlinterpretiert. Sie war nicht verrückt. Sie fühlte einfach, was zu fühlen war und hatte den Mut es auszuleben. Sie tat das in Reinform, was mir nicht ansatzweise möglich ist. Sie lebte und erlebt Gefühle in einer Weise, für die sich in meinem Alltag überhaupt kein Platz finden würde, für die man mich für ›verrückt‹ erklären würde. Das fand ich auf eine bestimmte Art beneidenswert, wenn auch nach wie vor befremdlich.

Dieser Moment gab mir Kraft. Mir, der noch vor einigen Tagen gesagt hat, dass ich mich sicherlich nicht diesen Gefühlsduseleien hingeben würde! Ich ließ mir noch eine rosa-weiße Rose schenken, bedankte mich mit einem Hauch von Feuchtigkeit in einem kleinen, hinteren Winkel des rechten Auges und ging in mein Zimmer. Und ich ging wirklich dankbar in mein Zimmer. Verrücktes Dschungelcamp!

Tag 21

||||| ||||| ||||| ||||| |

Gedankenspiele. Rein hypothetisch, versteht sich. Nehmen wir doch einfach mal den unwahrscheinlichen Fall an, ein Mette, der sich aufgrund einer Depressionserkrankung in einer psychosomatischen Klinik befände, habe eine Einzeltherapiestunde, die nicht bei der ihm eigentlich zugewiesenen Psychotherapeutin stattfände, sondern von einer Vertretung durchgeführt würde.

Nehmen wir weiter an, dass diese Vertretungstherapeutin, nach einigen Worten der Einleitung, wie Begrüßung, Grund des Aufenthalts und aktueller Befindlichkeit jenes Mettes, folgendes Gespräch eröffnet:

»Herr Mette, wie ich sehe, legen Sie Wert auf Körperpflege, haben keine Haare an den Armen.«

»Ähm ... ja ... wieso?!«

»Sie haben ein gepflegtes Äußeres.«

»Joa ... danke ... und jetzt?! Was tun wir mit dieser Feststellung?«

»Herr Mette, warum entfernen Sie die Haare an Ihren Armen?«

»Weil ich früher viel auf dem Rad unterwegs war und bemerkt habe, dass mit Haaren an den Armen der Schweiß weniger gut wegtrocknet und es deshalb schneller kalt wurde. Zwar fahre ich heute nicht mehr aktiv Rad, finde es aber schlicht ästhetischer, keine langen schwarzen Haare auf den Armen zu haben. Das ist es aber auch schon.«

»Herr Mette, wie fühlen sie sich von der Außenwelt in ihrer Männlichkeit wahrgenommen?«

»Wie jetzt?«

»Fühlen Sie sich als Mann wahrgenommen und wertgeschätzt?«

»Ja ... klar ... also ... jedenfalls hab ich kein gegenteiliges Gefühl und ehrlich gesagt ... Ich beschäftige mich eher weniger mit mir und meiner Rolle als Mann in der Gesellschaft. Das ist eigentlich kein Thema, das mich in irgendeiner Form umtreibt. Und falls diese Frage in eine bestimmte Richtung führen soll: Ich fühle mich weder zu Männern hingezogen, noch möchte ich lieber eine Frau sein nur, weil ich keine Haare an den Armen habe.«

»Herr Mette, wie oft haben Sie Sex mit Ihrer Frau?«

»Ohne zu sehr ins Detail gehen zu wollen: Ausreichend. Alles in bester Ordnung. Was genau soll das hier?«

»Hätten Sie gern mehr Sex?«

»Nun, mehr geht immer, wenn man männlich ist, oder?«

»Ach ja?«

»Ja! Das ist wie mit Pizza, die kann man auch in rauen Mengen vertilgen. Es fragt sich nur, wie gesund das ist.«

»Herr Mette, gibt es andere Frauen in Ihrem Leben, neben Ihrer Ehefrau?«

»Nö.«

»Herr Mette, würden Sie gern mit einer anderen Frau schlafen oder planen Sie das?«

»Also, wenn wir mal ehrlich sind und unter der Prämisse, dass ich noch immer nicht weiß, worauf Sie eigentlich hinaus wollen: Es liegt wohl in der männlichen Natur, durchaus der gesamten weiblichen Welt eine gewisse Aufmerksamkeit zu schenken. Aber um es mal auf den Punkt zu bringen: Ich liebe meine Frau, würde sie jederzeit wieder heiraten, habe keine Affäre, fühle mich nicht sexuell unterversorgt, schaue jedoch anderen Frauen auf den Hintern, wie es 99,5 Prozent der männlichen, verheirateten Weltbevölkerung auch tun. Und das

Beste ist: Ich find´s toll! Ich bin verheiratet, aber nicht tot! Das ist doch mal eine zielführende Feststellung für einen Depressiven, oder? Ich kann Sie sogar beruhigen: Ich müsste es meiner Frau noch nicht einmal verschweigen einer anderen Frau auf den Hintern geschaut zu haben, denn wir sind ehrlich und glücklich miteinander, haben selbstverständlich kleinere Konflikte, die wir aber ebenso offen bereden und ausräumen. Alles in bester Ordnung also! Und ich fürchte sogar, dass mein Hintern ebenfalls nicht der Einzige ist, den meine Frau in den letzten Jahren unserer Ehe wahrgenommen hat! Welch Schreck! Das ist völlig natürlich und in Ordnung! Beantwortet das Ihre Fragen in Bezug auf meine sexuelle Ausgeglichenheit und die Kultur der Beziehung zu meiner Frau? Oder benötigen Sie vielleicht Details zu unseren gemeinsamen sexuellen Erlebnissen, die ich Ihnen an dieser Stelle ohnehin nicht darlegen werde?«

»Herr Mette, ich rate Ihnen dringend, sich noch einmal Gedanken zu diesem Thema zu machen, denn ich glaube, dass Sie sexuell unterfordert sein könnten und diese Unzufriedenheit Sie in die Depression gestürzt hat. Das sollten Sie in Ihrer weiteren Einzeltherapie thematisieren.«

»Ähhh ... Nö. Mal ehrlich ...«

»Doch.«

»Nö.«

»Glauben Sie mir.«

»Nee, glauben SIE MIR. Dieses Thema bestimmt nicht mein Denken und Handeln, alles gut!«

»Herr Mette, horchen Sie in sich. Manchmal sind es genau die Dinge, die wir nicht wahrnehmen wollen, die uns in die Krise stürzen. Reden Sie darüber!«

Würde ein solches, rein hypothetisches Gespräch tatsächlich stattfinden, so würde ich mich ganz schön verarscht fühlen. Da wäre nämlich eine, mir völlig fremde, Person mit Volldampf in meine Therapie getrabt, hätte nach kurzer äußerer Bemusterung eine Schablone über mich gelegt und so lang auf mich eingeredet, bis ich dieser Schablone entsprechen würde. Eine solche Person hätte interpretiert, noch bevor ich überhaupt ein Wort gesagt habe. Mehr noch: Sie hätte weiter interpretiert, obwohl ich einen entsprechenden Verdacht klar verneine und sämtliche bisherigen Erkenntnisse aus der bisherigen Einzeltherapie, die übrigens rein gar nichts mit mangelnder sexueller Ausgeglichenheit zu tun hatten, außer Acht gelassen.

Ich denke, dass ich keinerlei Hemmungen habe, in einer Therapie, die meiner Heilung dient, über sexuelle Themen zu reden. Aber ich lasse mir auch keine Probleme einreden! Nicht von einer Person, die mich und meine Vorgeschichte nicht kennt. Und auch nicht von einer Person, die noch dazu jenes Thema auch überaus intensiv mit allen anderen männlichen Patienten behandelt, wenn man Gerüchten Glauben schenken darf.

Vermutlich wäre aber allein die Tatsache, dass ich mich über solch ein Erlebnis echauffieren würde, wieder ein Indiz dafür, dass man einen ›wunden Punkt‹ getroffen hat, ein weiteres Indiz für Dissimulation! Ich würde mich dann fragen, ob es nicht völlig egal ist, was man seinem Psychotherapeuten erzählt, denn in irgendein Schema würde das Gesagte ja schließlich immer passen. Dies wiederum legt die Frage nahe, ob nicht auch völlig gesunde Menschen therapiert werden müssten, was wiederum ein Symptom für mangelnde Krankheitsakzeptanz wäre. Und so weiter, und so weiter. Mein Vertrauen wäre jedenfalls beeinträchtigt.

Alles rein hypothetisch, versteht sich. Ist wohl die Schülerpraktikantin gewesen ...

Tag 22

||||| ||||| ||||| ||||| ||

Ich fühle mich auch heute wieder kräftig, fühle mich selbstbewusst. Ich komme mir nach wie vor einsam vor, habe aber die Kraft das auszuhalten. Das ist wichtig, insbesondere vor dem Hintergrund, dass ich vermutlich für den Rest des Klinikaufenthaltes in gewisser Weise einsam bleiben werde. Das zumindest habe ich in den letzten Tagen realisiert.

Irgendwie ist es hier wie auf einer Klassenfahrt, in einer Jugendherberge: Seilschaften werden schnell und für kurze Zeit geknüpft, oftmals um den jeweils anderen Menschen etwas näher zu untersuchen. Welche Lebensgeschichte gibt es da zu hören, was ist das spezifische Problem? Nach dem ›Abzapfen‹ dieser Informationen lösen sich diese vermeintlichen Anfänge von Vertrauen und Freundschaft aber in aller Regel schnell wieder. Schließlich gibt es ja auch noch andere Menschen zum Kennenlernen! Es wird getuschelt, manchmal gelästert. So manchem werden Beziehungen oder abgefahrene Krankheitssymptome nachgesagt. Es ist wie auf dem Ponyhof und wenn ich ehrlich bin, beteilige ich mich sogar an diesem Treiben, um die Zeit für mich ein wenig interessanter zu gestalten. Boulevardpresse für Klapseninsassen sozusagen.

Wesentlich ist jedoch die Tatsache, dass das hier eine Ansammlung von Einzelkämpfern ist und bleibt. Jeder ist in der Klinik, um gesund zu werden, oder auch nur um die Aufmerksamkeit von Therapeuten zu genießen. Je nach persönlichem Gusto. Hier ist weder Platz für echte Freundschaften, noch für echtes Vertrauen. Das habe ich gelernt. Durch kleine Enttäuschungen und durch Beobachtung der Seilschaften und Trennung anderer. Es ist so und es hat auch seinen Sinn. Ich bin ebenfalls hier um mir selbst zu helfen, nicht um zu hoffen, dass mich ein anderer stützt, indem ich eine feste freundschaftliche Verbindung knüpfe. Diesen Luxus gibt es in solchen Einrichtungen wohl nur selten. Und manchmal frage ich mich, ob es im Knast ähnlich läuft.

Diese Kraft, dieses Ich, das ich nun – zumindest für den Moment – zurückhabe, werde ich brauchen. Jedenfalls wenn das eintritt, von dem ich glaube, dass es nun eintreten wird. Es wird ernst! Alle Therapiesitzungen bisher, waren der reinste Spaziergang. Das befürchte ich, denn heute wurde tiefer gebohrt. Man fragte mich Dinge, die offenbar den Kern jenes Teils meiner Selbst anbohrten, den ich unbewusst immer verborgen habe, an den ich niemanden heranlasse. Ich dachte immer, dass die Aussage ›Ich lasse niemanden an mich heran‹, eigentlich nur ein beliebter Spruch von Menschen

146

ist, die sich in irgendeiner Form interessant machen wollen.

Nun wird mir bewusst, dass diese Aussage wohl auch auf mich zutrifft. Auf einen Teil in mir, an den ich mich nicht einmal selbst herantraue. Ich weiß noch nicht was es ist, aber es scheint mit Schwäche, Scheitern, Kontrollverlust oder sonst etwas in der Richtung zu tun zu haben. Eigenschaften jedenfalls, die in meinem Lebenslauf kaum vorkommen. Jedenfalls nicht ohne anschließenden Plan B.

Ich bin verwirrt, weiß nicht was das mit mir macht. Eine Art Gehirnwäsche, so kommt es mir fast vor. Ich habe Angst vor dem, was da in mir passiert. Es ist kaum zu glauben, aber manchmal sind da sogar Tränen in meinen Augen, versteckt unter der Sonnenbrille während ich im Hof der Klinik sitze. Und ständig schaffe ich es, dass keine mein Auge verlässt und über die Wange rollt. Ich schaffe das und will es eigentlich gar nicht schaffen. Ich steuere es nicht. Es passiert einfach, dieses Unterdrücken.

Geweint habe ich seit bestimmt fünfzehn Jahren nicht. Klar, auch Männer dürfen weinen und vermutlich wäre es auch für mich mal sehr heilsam, um mal ordentlich Druck aus dem Kessel zu lassen. Ich hab´s jedoch verlernt. Ich kann´s nicht. Loslassen geht nicht, selbst wenn ich wollen würde. Ich habe sogar panische Angst vor diesem Kontrollverlust in der Öffentlichkeit, selbst allein auf meinem Zimmer. Ich fürchte mich also buchstäblich vor mir selbst.

Das klingt völlig absurd in meinen Ohren! Bahnt sich eine solche Situation an, schütte ich Adrenalin aus, will flüchten, sogar meine Koffer packen und nach Hause fahren. Ich laufe ziellos hin und her, nur um diesen Kloß im Hals zu unterdrücken, von dem ich weiß, dass er irgendwann raus muss, wenn ich gesund werden will. Dieses Wissen, das Wissen tatsächlich zu scheitern, wenn ich mich diesem Problem nicht in irgendeiner Form stelle, ist das Einzige, was mich bleiben lässt. Andererseits weiß ich gar nicht, wie ich mich dem stellen soll, wie das geht. Ich kann es ja nicht kontrollieren. Ich stehe also vor einem Problem und habe keinerlei Ansatz zur Lösung. Auch das kenne ich nicht, womit der Kreis sich erneut schließt.

Inzwischen entwickle ich Angst vor der nächsten Therapiesitzung. Geradezu Panik davor, dass die Bombe platzt und ich mal so richtig ausraste. Ja, es ist wirkliche, reale Angst, die unkontrollierbar scheint. So stelle ich es mir vor, wenn Menschen Phobien haben. Vielleicht ist es eine Art Phobie vor meinen eigenen Gefühlen. Ich weiß es nicht.

Und wie geht es weiter, wenn ich Zugang dazu finde? Werde ich dann anders sein, als ich es ein Leben lang war? Was wird Nadja dazu sagen, wenn ich als anderes Paket nach Hause komme, als jenes, das sie geheiratet hat? Bin ich dann noch attraktiv? Bin ich danach eine Heulsuse und ist eine solche attraktiv? Mir ist das alles so peinlich! Sogar mir selbst gegenüber und genau hier beginnt der Kreislauf von vorn.

Natürlich spreche ich mit Nadja am Telefon über meine Gedanken und sie nimmt mir jegliche Befürchtung, liebt mich, wie ich bin. Ich weiß, dass genau an diesem Problem gearbeitet werden muss, um gesund zu werden.

Ich weiß natürlich, dass ich nicht als komplett anderer Charakter hier rausgehen werde. Als Wrack heimzukehren kommt nicht infrage! Das weiß mein Hirn, aber mein Bauch spricht eine völlig andere Sprache. Es sind diese unerklärlichen Ängste, die mir das Gefühl vermitteln, dass es etwas Unkontrollierbares in mir gibt, das mich mit aller Macht daran hindern will, irgendwelche Emotionen zuzulassen, mich ›zu öffnen‹, wie es die Therapeutin nennen würde.

Klar, ich habe ja auch über Jahre hinweg, in Schule und Beruf trainiert, eben niemanden an mich heranzulassen. Überschwängliche Gefühlsregungen machen doch eh nur angreifbar und sind was für Mädchen, das dachte ich zumindest schon damals. Blöderweise habe ich mich durch dieses Training augenscheinlich auch selbst ausgesperrt. Und jetzt habe ich Angst vor dem, was da wohl im Keller liegt.

Und selbst diesem Bammel kann ich kaum emotional Ausdruck verleihen. Auch das hat mich wohl in diese Krise geführt. Es hat mir immer weiter Energie entzogen, denn ich habe niemals zugelassen, immer nur weggeschoben, selbst dann, wenn sich die Angst in körperlichen Symptomen niedergeschlagen hat. Irgendwann war der Akku leer.

Ätsch! Depression als Schutz für Hirn und Körper. Das gilt es nun wohl zu bearbeiten und ich hätte niemals gedacht, dass es derart harte, quälende Arbeit wird. Es ist alles so unglaublich und unwirklich, unfassbar, dass MIR so etwas passiert, wo ich mich doch für völlig normal gehalten habe. Dieser Gedanke beschäftigt mich, steht noch immer sehr weit vorn im Kopf.

Was mich ein wenig tröstet, ist die Unterstützung daheim und meine zurückgefundene Stärke, der Ich-Begriff, der durch mein Training in Meditation und Achtsamkeit von Tag zu Tag wieder fester wird. Egal, was da kommen mag, auf beides kann ich zählen. Jene depressiven Stimmungen zumindest scheinen mittlerweile deutlich weniger Einfluss auf mich zu haben.

Tag 23

||||| ||||| ||||| ||||| |||

Es ist Vatertag! Das habe ich allerdings erst bemerkt, als ich vor dem verschlossenen Klinik-Kiosk stand und die Wäsche nicht zur Reinigung bringen konnte. Es anderweitig zu bemerken, wäre ohnehin illusorisch gewesen, denn ich bin um drei Uhr in der Nacht, nach blutigsten Alpträumen allererster Güte aufgewacht. Es war mir danach unmöglich wieder einzuschlafen, da ein Gefühl von Panik in mir steckte, das kaum zu bändigen war. Herzrasen. Gedankenspiralen. Unruhe. Nun ja, je wacher ich wurde, umso besser ließ es sich in Schach halten. Und so ein Sonnenaufgang mit Blick in die Natur ist auch etwas Feines. Festhalten lässt sich wohl, dass man offenbar an der richtigen Stelle meiner Seele gebohrt hat, denn sonst würde es mich nicht so dermaßen aufwühlen.

Natürlich haben auch Nadja und die Kinder an mich gedacht und Vatertagsgrüße geschickt, aber sie sind einfach so weit weg. Es ist, als wären sie und ich auf verschiedenen Planeten. Dennoch werde ich trotz Müdigkeit und panikartiger Emotionen langsam wieder fitter: Meine Gedächtnisleistung ist zurückgekehrt, ich bin in der Lage strukturiert zu denken, Aufgaben zu erledigen, habe wieder Motivation hinsichtlich Themen, die in der Zukunft liegen. Das alles macht mich stärker für die vermutlich unschönen Dinge, die noch vor mir liegen.

Noch dazu hatte ich eine Premiere hinsichtlich der Klecks-, also Gestaltungsgruppe. Ich hatte mein erstes Klecks-Einzel! Entgegen jeglicher Erwartung habe ich nicht etwa bunte Bildchen gemalt, sondern zunächst einmal eine ganze Stunde lang geredet. Ein angenehmes Gespräch über all die Dinge, die ich bisher über mich selbst erfahren habe. Es war gut, noch einmal dieses Resümee zu ziehen.

Generell muss ich aber auch eine Lanze für die so oft von mir belächelte Klecksgruppe brechen: Zwar spricht man ja immer vom ›Bunte-Bilder-Malen‹ in der Therapie, jedoch bin ich erstaunt, welche Dinge man über sich selbst preisgibt, wenn man zu einem vorgegebenen Thema einfach planlos drauflos malt. Sei es der Anteil des Gesamtbilds, die ein bestimmter Bereich einnimmt, die Farbwahl oder die generelle Formgebung. All das macht einem selbst bei anschließender Betrachtung einige Dinge klar. Scheinbar äußert man ganz unterbewusst beim Malen Gefühle, die man bewusst nicht wahrzunehmen im Stande ist. Erstaunlich.

Zwar unterscheiden sich meine Bilder auf den ersten Blick nicht wirklich wesentlich von denen, die mir klein Marie aus dem Kindergarten mitbringt, aber glücklicherweise geht es in der Gestaltungstherapie ja auch nicht um handwerkliches Geschick. Dennoch wäre mir ein wenig Unterricht zum Thema manchmal etwas lieber, sodass auch mal was Schickes dabei herauskommt. Aber da haben wir ja wieder eines meiner Probleme: Ergebnisse, Ergebnisse, Ergebnisse. Hier geht's allerdings nicht um Ergebnisse. Ich werde also den vor Therapiestart versprochenen, selbst getöpferten Aschenbecher für meinen Nachbarn wohl aufgeben müssen. Keine Ergebnisse, kein Töpfern. Kein Aschenbecher.

In den Wahnsinn – oder zurück in den Wahnsinn – treibt mich sicherlich aber noch die Depressionsgruppe: Die inzwischen dritte Sitzung zeichnet sich weiterhin dadurch aus, dass eine Therapeutin Präsentations-Folien mit monotoner Stimme vorliest. Noch dazu mit Informationen zur Krankheit, die ich seit drei Wochen aus anderen Therapiegruppen herausziehe. Langweiliger geht's kaum! Die pure Zeitverschwendung ... Bitte, liebe Therapeutin, gib mir diese kopierten DIN-A4-Blätter, die du da vorliest und lass mich spazieren gehen. So ist die Zeit besser investiert! Ich verspreche auch, sie aufmerksam durchzulesen ... Ach übrigens: Präsentationstechnik Note Ungenügend! Damit würde man bei jedem Kunden achtkantig rausfliegen.

Das habe ich natürlich so nicht gesagt. Stattdessen habe ich neugierig nachgefragt:

»Entschuldigen Sie bitte. Mir erschließt sich noch immer nicht wirklich der Sinn der Gruppe ... Können wir uns die Blätter nicht einfach selbst durchlesen?!« Die Antwort war ebenso sinnfrei wie einfach:

»Aber dann können sie ja keine Fragen stellen.« Das ist zwar so weit richtig ... Wenn die Beantwortung einer Frage sich jedoch lediglich durch das Vorlesen des entsprechenden Textabschnittes auszeichnet, macht mein Einwand irgendwie wieder Sinn, wie ich finde.

Huch, kommt da etwa ein Stück Mette zurück? Ich rebellisches Wesen!

Tag 24

||||| ||||| ||||| ||||| ||||

Sie haben es tatsächlich geschafft! Die geballte Ladung dreiwöchigen Psychoterrors hat es doch tatsächlich fertiggebracht, dass mir heute die eine oder andere Träne über die Wangen gekullert ist. Und das auch noch wegen ganz banaler Sachen. Während ich mit der Therapeutin darüber diskutierte, wie lange ich noch bleiben sollte, passierte es einfach. Nicht, weil nun geplant ist, dass ich vermutlich erst nach Woche neun nach Hause gehen darf. Ich meine, das ist schon schlimm genug, denn Nadja muss sich daheim derweil ganz allein um alles kümmern. Nein, es kam einfach so über mich! Das Gefühl von Einsamkeit, die Aussicht, so bald nicht heimzukommen, drei Wochen Auseinandersetzung mit mir selbst und jenen Emotionen, mit denen ich mich ohnehin nicht beschäftigen wollte. All das brauchte offensichtlich nur noch einen kleinen Pieks und meine Tränendrüsen taten das, was sie seit etlichen Jahren nicht mehr getan hatten.

Wir halten also fest, dass auch hier die Hardware noch bestens funktioniert. Die Tränendrüsen tun ihren Dienst ... Und so ungern ich es mir noch immer eingestehe: Irgendwie fühlte es sich auch gut an. Es war nicht so peinlich, wie ich es erwartet hätte. Es tat nicht weh, hörte allmählich wieder auf und war sogar irgendwie erleichternd. Aber die weitaus größte Errungenschaft ist wohl, dass ich damit wieder einen kleinen Schritt, zurück zu mir selbst gemacht habe, was mich sogar irgendwie stolz macht. Noch ist das alles fremd und unangenehm, ich weiß jedoch, dass es mich voranbringt.

Ich denke, dass sich die Therapeutinnen aus dem Gesprächseinzel und aus dem darauffolgenden Klecks-Einzel kurz an der imaginären Therapeuten-Trainerbank begegnet waren und sich sogleich in diabolischer Weise abgesprochen haben. Nur so ist zu erklären, was nun geschah: Nachdem ich mich gerade wieder gefasst hatte, um in besagtes Klecks-Einzel zu gehen, schlug die mir nun gegenübersit-zende Therapeutin eiskalt und mit chirurgischer Präzision gezielt in die nächste Kerbe meiner Seele. Und schon saß ich wieder da mit Tränen in den Augen.

»DAS REICHT WOHL NOCH NICHT, HMMMM?!«, sah ich da virtuell auf der Stirn der bisher eigentlich ganz sympathischen Dame stehen, kurz bevor sie noch eine weitere Frage an mich rich-tete. Das war dann doch zufriedenstellend: Die Tränen kullerten abermals.

Diesmal hatte ich allerdings das Gefühl, dass mir so langsam die Kraft ausging, und wollte mich eigentlich nur noch aus der Situation stehlen.

Die Anstrengung der letzten zwei Stunden war zumindest Grund genug, die nun folgende ›Progressive-Muskel-Entspannungsstunde‹ zu schwänzen, um zumindest wieder halbwegs gefasst zur Gruppentherapie am Nachmittag gehen zu können. Manchmal braucht man eben auch ein wenig Zeit für sich, um das erlebte zu verarbeiten. Acht Stunden Dauertherapie am Tag sind dann einfach zu viel. Glücklicherweise gibt's keine negativen Einträge ins Klassenbuch, wenn man fehlt.

Das Erlebte hat mich ermüdet und für den Rest des Tages begleitet. Hin und wieder standen mir die Tränen hinter meiner Sonnenbrille, sodass ich diese unhöflicherweise auch nicht zum Abendessen absetzte. Ich muss ausgesehen haben, wie eine Mischung aus Heino und Udo Lindenberg, als ich völlig abwesend ins Brötchen biss. Nun ja, dafür bin ich schließlich hier. So darf auch ich ausnahmsweise mal aussehen, wie eine lebende Leiche. Womit ich nicht sagen will, dass Heino und Udo ... ach lassen wir das besser!

Das große Finale des Tages markierte die Abreise eines mir irgendwie nahestehenden Patienten. Er ist wieder fit und kann nach sechs Wochen Aufenthalt endlich nach Hause. Das ist toll! Für ihn ... Dummerweise bleibe ich hier. Meine Zeit ist noch nicht vorbei. Er hat mich umarmt, sich herzlich verabschiedet, doch dann war er weg. Ich hoffe, ich sehe ihn noch einmal wieder. Irgendwie war er wichtig, hat mir Kraft gegeben, weil mich ein musikalisches Thema mit ihm verband oder weil er einfach nur da war.

Ich bemerke derzeit, wie sich bekannte Gesichter verabschieden. Die Welt, in die ich mich eingewöhnt hatte, verändert sich schnell. Das lässt erneut dieses Gefühl der Einsamkeit in mir aufsteigen.

Tag 26

||||| ||||| ||||| ||||| |||||

Da ist es schon wieder vorbei, das Klinikwochen-
ende. Glücklicherweise hatten wir gutes Wetter,
sodass es sich zumindest nicht in die Länge zog, wie
Kaugummi. Ich war beim Friseur, habe Sport getrieben, meditiert, Gitarre gespielt, war in der Sauna,
habe ab und an einfach nur den Blick aus dem
Klinikfenster in die Landschaft genossen. Bis auf den
Friseurbesuch alles ohne Termine. Kein Stress. Null
Druck. Einfach nur ich!

Und erneut gab es diese Situationen. Diese Situationen der depressiven Komiker, wie es sie nur in
einer psychosomatischen Klinik geben kann: Da sitzt
eine bunt gemischte Horde von Depressiven und
süchtigen Depressiven (oder depressiven Süchtigen?
Ihr wisst schon, was ich meine!) in der Sauna und ist
einfach in Stimmung. Da reicht ein simpler Menthol-
Aufguss als Auslöser für einen knallharten Schlagab-
tausch zweideutiger Witze über im Aufguss gelöste
Drogen und deren mögliche Effekte auf Körper und
Geist eines Depressiven. Das Ganze führt unweigerlich zu nicht ganz ernstgemeinten Berichten von
Auswirkungen diverser Antidepressiva in verschie-

densten Dosierungen, auf die primären männlichen Geschlechtsorgane und mündet in Verabredungen zum Austausch jener Medikamente untereinander. Je nach Zielvorgabe des jeweiligen Tages werden Belastungserprobungen schnell zu ›Entlastungswochenenden‹ für den Mann.

Da wird eine Sauna zu einer Bretterbude, aus der schallendes Gelächter einer Horde bis eben noch Depressiver durch die gesamte Klinik hallt. Das Ganze bekommt besonderen Biss, wenn man sich vor Augen führt, wer da eigentlich mit mir in der Sauna sitzt: Vom Chefredakteur, über den Bankenvorstand, vorbei am Gefäßchirurgen, zum Oberarzt bis hin zum Medienprofi ist hier alles vertreten, was Rang und Namen hat. Die sogenannten Leistungsträger, die intellektuelle Elite unserer Gesellschaft versammelt sich in einer psychosomatischen Klinik, so scheint es. Und bei den wenigsten weiß Beruf und Umfeld, wo sie sich eigentlich gerade befinden. Dennoch sitze ich mit all diesen Menschen, die ich sonst niemals kennengelernt hätte, splitterfasernackt in der Sauna und wir grölen und lachen wie Kinder. Hier in der Klinik sind wir alle gleich und ich erfahre hautnah, dass Depressionserkrankungen überall in der Gesellschaft vertreten sind. Insbesondere bei den sogenannten ›High-Performern‹. Mein Problem ist also kein Problem eines Versagers. Im Gegenteil.

Das sind die Momente, in denen ich gern in dieser Klinik bin, es sogar als Privileg empfinde jene Menschen und ihre Geschichten kennenlernen und mit ihnen zusammen genesen zu dürfen. Nicht etwa, weil sie besonders erfolgreich und wohlhabend sind, sondern weil sie mich verstehen. Und es sind die Momente, in denen ich froh bin, keine dieser Pillen nehmen zu müssen, die gewisse Funktionalitäten außer Kraft setzen können.

Ich konnte mich also an diesem Wochenende gut regenerieren. So gut, dass ich auch noch eine Hausaufgabe erledigt habe. Ich schrieb einen Brief an meine Mutter. Insgeheim wusste ich, dass mich auch dieser Klassiker der therapeutischen Mittel irgendwann treffen würde, und wollte eigentlich nicht auch dieses alberne Klischee durchlaufen müssen. Aber ich muss sagen, dass es zu diesem Zeitpunkt, an dieser Stelle meiner Entwicklung, tatsächlich Sinn macht. Es lässt mich die Gedanken ordnen. Die Erlebnisse aus meiner Kindheit in Reih und Glied bringen. Also habe ich diesen Brief tatsächlich geschrieben.

Zwar gab es keine schrecklichen Erlebnisse, aber eben viele Empfindungen. Nette und weniger nette Worte. Gemeine und noch gehässigere Dinge. Wertschätzung und Enttäuschung. All das ist jetzt irgendwie raus aus mir, nur weil ich es aufgeschrieben habe. Es ist befreiend und gibt mir auf geheimnisvolle Weise weiteren Zugang zu den Emotionen, die ich als Kind empfand. Und es trieb mir abermals Tränen in die Augen, an die ich mich mehr und mehr gewöhne.

Selbstverständlich wird dieser Brief niemals abgeschickt werden. Er bleibt ein Geheimnis. Mein Geheimnis, das ich mit der Therapeutin teile. Und vielleicht mit ganz wenigen mir vertrauten Menschen.

Es ist schon erstaunlich, wie nützlich Therapieklischees doch sein können ...

Tag 27

|||| |||| |||| |||| |||| ||

Was schreibt man an einem solchen Tag ins Tagebuch? Ich habe keinen Schimmer, außer dass es ein unglaublicher, ein unwirklicher Tag ist. Im schlimmsten Sinne! Ich starre ins Leere, will mich der Situation entziehen, doch es geht nicht.

Es ist wie es ist. Es ist Realität, so unwirklich es sich anfühlen mag. Es ist schwer, dies in Worte zu fassen:

Ein Patient hat Suizid begangen.

Er ist ... war kein Fremder für mich. Das geht in diesem kleinen Kreis von sechzig Patienten auch kaum. Wir mochten uns, obwohl der Altersunterschied groß war. Wir kamen zu einem ähnlichen Zeitpunkt in dieser Klinik an, hatten anfangs bei Tisch nebeneinandergesessen, erzählten uns hin und wieder wie es uns gerade ging. Wir stellten uns gegenseitig unsere Ehefrauen vor, als sie zu Besuch da waren, verabredeten uns sogar zu einem Treffen nach dem Aufenthalt hier. Ein Fischbrötchen in Hamburg wollten wir essen, wenn wir irgendwann mal aus dieser Klinik heraus seien.

Dazu wird es nun nicht mehr kommen. Erst gestern sprachen wir noch miteinander und er wirkte gelöst, hatte Besuch von seiner Frau. Vorgestern war er mit mir zum Friseursalon gefahren. Während dieser Fahrt hatte ich so ein ungutes Gefühl, hätte es sogar benennen können, schob den Gedanken jedoch beiseite und rief mich selbst zur Ordnung, wollte mich nicht in ›schrägen Gedankenkonstrukten‹ verlieren.

Ich dachte, er könne sich vielleicht etwas antun, weil er noch immer so sehr mit sich selbst und ganz banalen Dingen des Alltags haderte, immer mit dieser Perspektivlosigkeit. Er war noch ganz am Anfang, während ich in der Zeit unseres Aufenthalts schon erste Fortschritte machte. Er war doch aber so intelligent und besonnen, würde doch wissen, dass die Dinge manchmal eben mehr Zeit brauchen. Ich schob den Gedanken also als Hirngespinst beiseite, sagte nichts. Nicht, während ich im Auto saß und kurz fürchtete, er könnte mit voller Absicht das Lenkrad verreißen und den Wagen gegen einen Baum fahren. Ich dachte, dass er das niemals tun würde, während jemand neben ihm saß. Ruhig machte ich mir klar, dass es ja auch keinen greifbaren Ansatz gab, so etwas zu glauben und dass eine Nachfrage ihn sicherlich beleidigen würde.

Ich sagte also nichts. Nicht zu ihm, nicht zu den Ärzten und Therapeuten. Ich wollte doch niemanden unter Verdacht stellen, keine Pferde scheu machen. Nur mit Nadja habe ich am Telefon einen kurzen Satz über dieses Themas geteilt, ihr gesagt wie eiskalt es mir plötzlich im Auto den Rücken heruntergelaufen war, um das Thema dann gleich wieder zu verwerfen.

Als am heutigen Morgen die Bitte an alle Patienten gerichtet wurde, sich zur Mittagszeit im Gemeinschaftsraum einzufinden, dachte ich direkt an schlechte Nachrichten dieser Gattung.

»Solche Dinge können hier passieren«, sagte ich mir noch, um mich selbst darauf vorzubereiten, dass irgendwem irgendwas passiert sein könnte. Nur Millisekunden nach diesem Gedanken fuhr mir dann der kalte Schreck durch die Glieder und ich wusste genau, wen ich beim Frühstück nicht gesehen hatte!

Mein Gedanke, dieses absurde Hirngespinst, musste Realität geworden sein, das war mir sofort klar und die Bestätigung, die sich einige Minuten später über den Klinikflur verbreitete, war nur noch wie eine Erinnerung an etwas, das ich ohnehin bereits wusste. Das war der Grund, weshalb ich die Information zunächst ohne Regung meiner Miene aufnahm und ziellos durch die Klinikflure spazierte, irgendwie versuchte, dieser unwirklichen Nachricht eine reale Dimension und eine daraus resultierende Konsequenz abzuringen. Erfolglos.

Erst gestern hatten wir darüber gesprochen, wo man im Umkreis als Ehepaar nett essen gehen könnte. Heute ist er nicht mehr da. Er ist weg. Für immer.

Ja, ich hatte damit gerechnet, dass so etwas an solch einem Ort passieren könnte. Ich hatte nicht realisiert, dass es so nah, also in meinem Umfeld, passieren könnte.

Es fühlt sich an, als wäre ein Mitspieler meiner Fußballmannschaft per roter Karte vom Feld gestellt worden.

»Das ist tragisch, aber das Spiel muss weitergehen«, versuche ich zu denken. Ich bin bestrebt, Abstand zu einer Gewissheit zu gewinnen, zu der man eigentlich keinen Abstand gewinnen kann, ehe mich die Verzweiflung erwischt.

»Ich werde nun noch schneller rennen, um an den Ball zu kommen, damit das Spiel trotzdem einen guten Ausgang nimmt«, denke ich dann, um der Situation irgendetwas Sinnvolles abzuringen.

Nach einer Weile des Grübelns kommt jedoch dieses Gefühl, diese Frage, ob ich die rote Karte hätte verhindern können. Ich habe es schließlich irgendwie gewusst. Habe ich es gewusst? Hätte ich handeln müssen? Warum hatte ich nichts gesagt? Und dann ist da diese Traurigkeit, einen wertvollen Menschen verloren zu haben.

Nein, wir kannten uns nicht lang, dennoch verband uns in diesem Mikrokosmos der Klinik eine ganze Menge. Aber eben auch nicht mehr als das. Ist es nun gerechtfertigt zu trauern, mir also selbst diesen Raum zuzusprechen? Kannten ihn andere nicht viel besser? Sollten diesen Raum nicht eher jene Menschen bekommen, die es mehr verdient hatten?

Seine Ehefrau begegnete mir, als sie mit der Stationsschwester seine Habseligkeiten abholte. Ich erschrak. Was sollte ich sagen? Alles was mir einfiel, war ›Entschuldigung‹. Entschuldigung dafür, dass das passieren konnte. Für das Nichtäußern meiner Befürchtungen. Entschuldigung dafür, feige meine dumme Klappe gehalten zu haben, nur um niemandem zu nahe zu treten.

Ich musste nichts sagen. Sie erkannte mich in diesem Moment nicht, lief wie programmiert mit versteinerter Miene an mir vorüber. Das erleichterte mich, aber ich wurde auch wütend ... wütend auf ihn! Wie konnte er diese wunderbare Ehefrau nur allein lassen? Wie konnte er einfach so aufgeben?

Ich werde es wohl nie erfahren. Ich kann es nicht verstehen. Es ist scheinbar diese Krankheit, die in diesem Moment die Entscheidungen trifft, die Menschen in diese Situation treibt, keinen anderen Ausweg mehr sehen zu können. Und wieder beschleicht mich die Angst, am Anfang eines ähnlichen Weges zu stehen. Trotz der Hilfe dieser Profis. Die hatte er schließlich auch gehabt.

Nein, das wird nicht passieren! Diese Seuche wird mich nicht in den Tod treiben. Jetzt erst recht nicht!

Ich bin verwirrt. Das ist alles so unwirklich, aber es passiert. Es passiert tatsächlich hier und jetzt. Ich habe hier schon oft gehört, dass die Krankheit ›Depression‹ eine ›absolut lebensgefährliche Krankheit‹ sein soll. Gefährlicher als manch ›physische‹ Krankheit. Man dürfe sie nicht unterschätzen, wird uns immer wieder gesagt. Heute weiß und fühle ich, wie wahr es ist.

Ich bin auch verunsichert, da ich nicht weiß, was genau passiert ist. Seine Frau bat darum, nicht über die näheren Umstände zu sprechen, was ich mehr als verständlich finde. Dennoch fehlt mir der Kinofilm im Kopf, der mir dabei hilft, diese Tragödie irgendwie zu verarbeiten. Es ist, als würde man mir die letzte entscheidende Szene eines Films vorenthalten. Man sagte uns, dass es nicht in der Klinik geschehen sei. Sein Auto steht allerdings noch immer da, wo wir es vorgestern geparkt hatten. Es muss also im direkten Umkreis der Klinik passiert sein. Aber wo genau? Wie ist es geschehen? Ich werde es nicht erfahren.

Ich bin nicht auf Sensation aus, auf alle Details. Ich brauche nur diesen Abschluss. Für mich. Sodass ich mit dieser verstörenden Angelegenheit zurechtkomme. Ich bin traurig. Wirklich traurig! Heute ist es mir nicht unangenehm zu weinen. Ich schaue in mich und versuche wahrzunehmen, was da los ist. Ich nehme es wahr, ohne das Gefühl als solches zu werten, sondern es schlicht als Teil von mir anzunehmen.

Hab eine gute Reise und danke, dass ich Dich kennenlernen durfte, H.!

Tag 28

𝍸𝍸 𝍸𝍸 𝍸𝍸 𝍸𝍸 𝍸𝍸 𝍸𝍸 𝍸𝍸 𝍸𝍸 𝍸𝍸 𝍸𝍸 ‖‖‖

Auch einen Tag ›danach‹ ist es ein befremdliches Gefühl. Auf dem Klinikflur und in den Therapiegruppen wird das Schicksal unseres Mitpatienten gemieden. Lediglich eine Kerze wurde zu seinem Andenken in einer stillen Ecke des Foyers platziert. Die Geschehnisse werden von Klinik und Patienten, sehr respekt- und würdevoll behandelt, aber wenig thematisiert. Jedem Patienten steht es frei, das Gespräch in der Gruppe oder mit dem Einzeltherapeuten zu suchen, aber diese Option wird allgemein gemieden.

Scheinbar demonstrativ versucht man, in den Klinikalltag zurückzufinden. Manche Patienten sagen sogar, dass sie ›jetzt allmählich auch mal wieder zur Normalität zurückfinden‹ wollen und ›nicht ständig über dieses Thema reden‹ möchten ... Einen Tag danach!

Ich finde das befremdlich, habe noch so viele Fragen, auf die es leider keine Antwort gibt. Ich empfinde Trauer. Nicht stetig, aber immer wieder. Oft ertappe ich mich dabei, wie ich die Zeit vor dem Ereignis resümiere, frage mich, ob ich an irgendeiner

Stelle hätte anders handeln müssen. Sachlich ist das sicherlich nicht der Fall, mein Bauch stellt dennoch immer die gleichen Fragen.

Ich neige dazu, auch bei solch schrecklichen Ereignissen, etwas Positives zu suchen. Positiv ist auf jeden Fall die Bekanntschaft eines Menschen, der mit optimistischen Charaktereigenschaften, die es ohne Zweifel neben den zerstörerischen, negativen Gedanken auch gab, ein großes Vorbild für mich war. Das bereichert mich. So irre es sich auch liest: Positiv ist auch, dass der gestrige Abend so negativ war. Ich fühlte mich sehr traurig, habe geweint, war lange wach, bin durch die leere, schlafende Klinik gelaufen. Ich habe jedoch gelernt, dass diese Trauer mich nicht auffrisst, sondern irgendwann vorübergeht. Das habe ich in dieser Klinik und mit Hilfe der Selbstbetrachtung während der Achtsamkeits- und Meditationsübungen gelernt. Jene Emotionen, die ich immer verdrängte, bekommen nun einen gewissen Spielraum und machen mir weniger Angst. Und das wiederum ist sehr befreiend. Ich fühle mich nicht mehr ausgeliefert, sondern eher bereichert, wenn sich solche Emotionen ankündigen, denn ich weiß, dass sie einen Sinn haben und den Druck aus meinem Innern nehmen. Ich weiß, dass diese Emotionen vorübergehen, fühle mich stark, obwohl sie da sind. Das ist ein deutlicher Wandel in mir.

Ich spüre meine ›innere Mitte‹, kann das alles zulassen, ohne komplett darin gefangen zu sein. Philosophisch betrachtet würde man sicherlich sagen können, dass ich eindeutig wieder mehr Subjekt, als Objekt im eigenen Leben werde. Diese Entwicklung nimmt einen immer eindeutigeren Verlauf, auch wenn die Festigung dieses Zustands sicherlich noch einiger Arbeit bedarf, damit es ein im Alltag belastbarer Zustand wird.

Am heutigen Tag bin ich körperlich erschöpft. Die extreme Emotion der Trauer ist einer trübsinnigen Stimmung gewichen, die sich aber gleichzeitig mit einer optimistischen Stärke mischt, was mich und meinen Heilungsprozess angeht. Ich fühle mich in mir selbst gefestigt, trotz der Geschehnisse der letzten vierundzwanzig Stunden. Und das ist ein gutes Gefühl. Das darf es sein.

Ich weiß inzwischen, dass dieser Klinikaufenthalt, mit all seinen Ereignissen und Eindrücken, ein Stück Lebenserfahrung sein wird. Er prägt mich nachhaltig. Und ich bin stolz darauf! Stolz, diese positiven, wie negativen Eindrücke in solch kurzer Zeit sammeln und mich weiterentwickeln zu dürfen. Ich fühle mich geehrt, so viele verschiedene Menschen kennenzulernen, auf die ich niemals aus eigenen Stücken zugegangen wäre. Das alles eröffnet neue Perspektiven, die mich bereichern. Insofern ist es ein

Privileg diese Krankheit zu durchleben und eine Ehre in dieser Klinik behandelt zu werden.

Überhaupt beschleicht mich der Eindruck, dass Charaktere von der Krankheit betroffen sind, die die für mich recht lobenswerte Eigenschaft aufweisen, sich selbst zu reflektieren und in Frage zu stellen. Ich glaube, dass dies sogar eine sehr gesunde Wesensart ist, die eigentlich auch zu einer positiven Entwicklung für das eigene Selbst führen müsste. Scheinbar kollidiert diese Besonderheit jedoch mit den Anforderungen unseres gesellschaftlichen Systems, in dem eben immer weniger Platz für Individualität, Zeit, Gelassenheit und Emotionen ist.

Nachhaltiges Denken und die Ausprägung menschlicher Errungenschaften scheinen nicht sehr gefragt, denn beides erfordert Zeit. Um weiterhin in das System zu passen, werden diese Eigenschaften von vielen Menschen unterdrückt oder als etwas Negatives deklariert. Irgendwann bahnt sich diese vergrabene Stärke allerdings ihren Weg, meldet sich zu Wort, indem die Notbremse im Hirn gezogen wird. Da ist sie, die Krankheit, die dich zwingt, dich selbst wahrzunehmen, oder aber an ihr zugrunde zu gehen. Vielleicht trifft die Depression und damit auch der Begriff ›Burn-out‹ gerade deshalb diejenigen besonders hart, die das Potenzial hätten, die Welt ein wenig menschlicher zu machen. Sie kämpfen vermutlich am härtesten gegen ihre Natur und mit der stetigen Notwendigkeit der Anpassung an das System der Leistungsgesellschaft. Und hier liegt für mich wieder ein Schlüssel: Ich muss lernen, den Kampf aufzugeben und stattdessen in Richtung wohlwollender Koexistenz zu denken, denn schließlich wird sich jenes System so schnell nicht ändern lassen.

Ich muss lernen, die Aufgabe des Kampfes nicht nur mit dem Kopf, sondern aus vollster Überzeugung und innerem Antrieb zu vollziehen. Es gilt also, die eigene Perspektive zu ändern. Keine Ahnung, wie ich das nun wieder hinbekommen soll. Aber wenn ich hier eines gelernt habe, dann ist es mir selbst Zeit zu geben. Es rennt schließlich kein weißes Kaninchen hinter mir her, das brüllt: »Ich bin zu spät, zu spät!«

Ob dieser Gedanke eine korrekte Schlussfolgerung, oder einfach ein Hirngespinst ist: Er hilft mir, die Seuche zu akzeptieren, einen Sinn darin zu entdecken, sie nicht mehr als Seuche, sondern als einen Teil meines Seins zu betrachten. Und es hilft mir einen grundsätzlichen Wandel in mir einzuleiten, um gesund zu werden. Auch wenn ich das System nicht ändern kann, ich werde lernen, mich selbst nicht ständig durch das Unterdrücken sämtlicher, nicht passender Dinge zu vergessen.

All die Eigenschaften, die ich mir angeeignet habe, all die Rollen bei denen Unantastbarkeit und Kontrolle im Vordergrund stehen: Sie sind nicht falsch und müssen nicht verschwinden. Sie machen mich sogar erfolgreich und haben ihren Platz in meinem Leben und sollen diesen auch weiterhin haben. Sie müssen lediglich durch das ergänzt werden, was mich in Reinform ausmacht. Dieser Teil von mir muss irgendwo wieder ausreichenden Raum finden, sodass eine Ausgewogenheit der Eigenschaften entstehen kann.

Wer also glaubt, ich würde mich künftig tanzend und von Liebe durchflutet durch den Berufsalltag bewegen, den muss ich leider enttäuschen, so lustig ich diese Vorstellung auch finde, es einmal auszuprobieren. Ihr werdet mich jedoch gelassener erleben, ja. Aber ihr bekommt keinen komplett anderen Menschen zurück. Deutlich gelassener und emotionaler wird mich aber mein privates Umfeld erleben dürfen. Diesen Unterschied gab es vorher kaum. Hier werde ich künftig *MICH* zeigen können und wollen.

Tag 29

||||| ||||| ||||| ||||| ||||| ||||

Der heutige Klinikalltag war recht unspektakulär. Ich fühle mich frisch und kräftig, durchlaufe die Therapieeinheiten, es ist so etwas wie Gewohnheit eingekehrt. Ja, ich gehe sogar souverän mit den emotionalen Ausbrüchen, den Konflikten oder dem Leidensdruck anderer um. Nicht etwa teilnahmslos und gleichgültig, aber eben auch nicht hilflos und überfordert. Ich fühle mich einfach gut, hier in meiner Umgebung.

Meine neue Weltordnung scheint sich weiter zu Formen und es sind die kleinen ›Aha-Effekte‹, die den Alltag prägen. So kam mir heute ein weiterer Gedanke, der in jenen Bereich passt, dass all meine erworbenen Eigenschaften nicht schlecht sind, sondern ihren Platz im Leben haben: Konkret ist es in diesem Fall mein Hang oder auch die Sucht, mir Ziele zu setzen. Ich glaubte, dies abstellen zu müssen, um gesund leben zu können. Auf der Gegenseite stand der Gedanke, sich ohne Ziele nicht weiterentwickeln zu können, träge zu werden, eventuell sogar stillzustehen. Selbst wenn mir dieser Zustand temporär vielleicht ganz guttun würde, so wäre er doch wieder so ein Extrem, das mich unglaublich unzufrieden und damit krank werden lassen würde. Wo mag also der Schlüssel, der gesunde Mittelweg liegen, damit sich auch hier eine Ausgewogenheit einstellen kann?

Ganz einfach: Er liegt darin, mittelfristige Ziele zu setzen und diese stetig mit dem ICH-Begriff abzugleichen. Ziele sind also weiterhin erlaubt und erwünscht! Sie bringen Farbe und Bewegung ins Leben, dürfen nur nicht wieder zum Selbstzweck werden. Ich muss mich künftig fragen lernen, ob ich Ziele für das Außen, für eine Rolle oder etwas anderes setze, oder ob es zu mir und zu meiner Mitte passt, also mit ihr vereinbar ist. Trifft dies zu, so ist Planung und Zielsetzung keinesfalls etwas Negatives für mein Seelenleben. Es gibt also nicht nur die Extreme ›achtsamer Meditationskünstler mit Räucherstäbchen‹ oder ›Schlipsträger mit Ferrari‹. Nein, es gibt auch einen gesunden Zustand in der Mitte.

Ganz wesentlich wird also die Frage sein, welches Bedürfnis und welcher Beweggrund hinter einem Ziel steht, das sich in der Ferne anbietet, um daraufhin wiederum zu hinterfragen, ob dieses Bedürfnis vom Außen, oder aber von der inneren Mitte erzeugt wurde. Zu guter Letzt muss ein vom Außen initiiertes Ziel ja nicht gleich ein nicht-erstrebenswertes Ziel sein. Es muss aber mit dem Ich-Begriff vereinbar sein, oder von diesem toleriert werden können. Hier ist die Nachricht: Ich bin der Kapitän, nicht das ›Außen‹! Und wo wir doch bei Wasser sind ... hier ist auch wieder mein Bild vom Fluss: Vieles schwimmt hier. Ich betrachte alles, fische allerdings nur das für mich Sinnvolle heraus.

Hier also nochmal meine Checkliste:

1. Warum glaube ich eigentlich, ein Ziel erreichen zu müssen (Bedürfnis)?
2. Ist es mein ureigenes Bedürfnis, oder wurde es mir von außen ›schmackhaft‹ gemacht (Ursprung)?
3. Selbst wenn es vom Außen kommt: Ist es vielleicht dennoch ein erstrebenswertes Ziel, so dass mein ›ICH‹ es mitträgt (Vereinbarkeit)?

Insbesondere die letzte Frage wird ganz wesentlich sein, wenn es um die Erreichung eines solchen Ziels geht. Auf dem Weg dorthin können sich Rahmenbedingungen ändern. Vielleicht macht eine solche Änderung das Ziel obsolet, vielleicht sollte es abgeändert werden. Das werde ich niemals bemerken, wenn ich Ziele weiterhin um der Zielerreichung Willen verfolge.

Ja, an dieser Stelle bin ich beim Thema ›Verbissenheit‹, eine der größten Gefahren in meinem Verhalten. Die Verbissenheit macht ein Ziel oder Gedanken ganz schnell zum Selbstzweck, verhindert die Selbstreflexion und ist somit kontraproduktiv!

178

Sie macht starr und unbeweglich, erzeugt Angst, denn die Gefahr des Scheiterns ist der Verbissenheit größter Feind. Selbst dann, wenn das Scheitern vielleicht gar keine weitreichenden Konsequenzen haben würde.

Die Angst ist dennoch in uns. Heimtückisch macht die Verbissenheit, dass man sie an sich selbst nur schwer bemerkt. Wesentlich scheint also auch hier, seinem ICH treu zu bleiben, um sich selbst achtsam betrachten und positiv weiterentwickeln zu können. Verbissenheit und die daraus resultierende Angst zu erkennen vermag nur der, der es schafft nicht-wertend und gelassen auf sich selbst und die damit verbundenen Situationen zu sehen!

Ich hoffe, dass es mit Hilfe meines kleinen Fragenkatalogs und Meditationseinheiten künftig möglich sein wird, Dinge eben einfach mal nicht zu tun oder auch aufzugeben, wenn sie nicht mehr sinnvoll erscheinen. Dinge aufzugeben, ohne eine Niederlage zu empfinden: Eine echte Herausforderung!

Die vermeintliche Aufgabenliste wird auf diese Weise jedoch kürzer werden, die knappe Zeit wird nicht mehr ganz so mager sein. Der Druck in mir kann sinken. Die übrig gebliebenen Ziele werden dadurch entspannter erreicht werden und die Planung wird wieder Freude bereiten. So ist zumindest meine Hoffnung für die Zukunft.

Ich denke immer mehr, dass dieses Verhalten eine Krankheit, insbesondere in wohlhabenden Gesellschaften ist. Die stetig ansteigende Anzahl von Möglichkeiten und Kommunikationskanälen nötigt uns quasi dazu, erdenklich viele Dinge mitzumachen, nichts verpassen zu wollen.

Höher, weiter, schneller. Darauf scheine ich in besonderem Maße angesprungen zu sein, ohne es zu bemerken. Ich werde sicherlich nicht stillstehen müssen, um gesund zu sein, aber ich will ebenfalls lernen, bei mir selbst zu bleiben, das Sinnvolle vom Möglichen zu unterscheiden.

›*Veränderung geschieht, wenn jemand wird, was er ist, nicht wenn er versucht, etwas zu werden, das er nicht ist.*‹

Arnold R. Beisser

Tag 30

|||| |||| |||| |||| |||| ||||

Auch am heutigen Donnerstag bin ich gelassen, ausgeglichen, voller ruhiger Energie. Beeindruckend war für mich eine absolut neue Erfahrung im Klecks-Einzel: eine Traumreise! Für mich so eine Art Hypnose, in der ich vor meinem geistigen Auge in einen Raum geführt wurde. Diesen gestaltete mein Hirn selbst. In meinem Fall war es ein Saal in einem englischen Schloss mit Kronleuchter, Ölgemälden an der holzverkleideten Wand, schwarz-weiß gekacheltem Boden, offenem Kamin und einer langen Tafel, die offenbar für drei Personen einge-deckt war.

Sogleich nahmen hier auch drei Personen Platz: Ich selbst aus der Ich-Perspektive, ein Mann im Anzug am Kopf der Tafel und ein recht ausgeflippter Kerl, der gegenüber von mir Platz nahm. Dann der Schreck: Die Typen waren beide ich!

Es waren offenbar Teile meines Selbst, verschie-dene Charaktereigenschaften, die nun mit mir zusammen am Tisch saßen. Offenbar gab es ein Thema, eine Agenda, aber keiner kommunizierte mit dem anderen. So richtig klar war auch nicht, wer das Gespräch hätte leiten sollen. Das verunsicherte mich. Eigentlich wollte ich die Initiative ergreifen, traute mich irgendwie dann doch nicht. Dennoch erfuhr ich viel über diese Charaktereigenschaften, die am Tisch saßen, indem ich sie nur betrachtete. Ich fand unglaublich viel über mich selbst heraus. Warum saß der Mann im Anzug beispielsweise am Kopf der Tafel und vermittelte den Eindruck, das Ruder zu übernehmen, tat es aber nicht? Warum saß mein ›ICH‹ nicht an dieser Stelle? Wieso beteiligte sich der flippige Kerl mir gegenüber so rein gar nicht, schaute nur in die Luft?

Fragen und Antworten, die für mich ein Bild ergeben. Ein Bild für meine Zukunft.

Ich hätte niemals für möglich gehalten, dass ich in der Lage sein würde, auf diese Weise in mich selbst zu schauen. Aber es hat funktioniert! Ich habe wieder etwas, das mich verstehen lässt, mit dem ich arbeiten kann. Naja, oder ich drehe hier gerade komplett am Rad und man bereitet schon die Gummizelle für mich vor. Warten wir's ab.

Zur Not kann ich immer noch den verrückten Hutmacher aus Alice im Wunderland spielen. Die Lache bekomme ich bestimmt hin!

Tag 31

|||| |||| |||| |||| |||| |||| |

Ein Tag der aufgeregten Freude! Heute war der Tag des ersten Paargesprächs. Nadja sollte in die Klinik kommen, um mit der Einzeltherapeutin über die Krankheit zu reden, und darüber, wie sie diese bisher erlebt hat. Unser Umfeld würde Thema werden. Auf der einen Seite ein beunruhigendes Gefühl. Wer weiß, vielleicht tritt man hier ja unsichtbare Konflikte los und Nadja und ich verlassen als zerstrittenes Paar diesen Raum! Auf der anderen Seite ein unvorstellbarer Gedanke, denn schließlich reden wir im Alltag offen und respektvoll miteinander über all jene Dinge, die uns nicht passen. Dennoch, eine freudige Anspannung bestimmte den heutigen Morgen.

Da konnte es mir auch kaum etwas anhaben, dass sich in der Gruppentherapie wieder Konflikte zwischen einzelnen Teilnehmern anbahnen. Ich hatte bereits in der letzten Woche bemerkt, dass jene vorgespielte Harmonie beim Thema ›Wir als Gruppe‹ für meine Begriffe nicht echt war. Eine nicht ganz falsche Einschätzung, wie sich seit heute zeigt.

Das Wolfsrudel beginnt sich verbal zu zerfleischen. Wie gesagt, es lässt mich kalt, denn ich hatte heute besseres vor! Dennoch, es ist einfach köstlich, wie diese untoten Wölfe und Zwergpinscher versuchen, sich gegenseitig kleinzuhacken und wie Nonsens zum weltbewegenden Thema wird – und wie ich immer gefragt werde, was mich denn um Himmels willen bei diesen aufregenden Themen, so süffisant lächeln lässt. Aber mal Hand auf's Herz: Würdet ihr nicht lächeln, wenn sich eine Gruppe untoter Wölfe und Zwergpinscher allen Ernstes einhundert Minuten lang darüber streitet, ob die Gruppe untoter Wölfe und Zwergpinscher zerstritten ist, oder nicht? Wie sie sich gegenseitig Vorwerfen, sich auf dem Flur nicht gegrüßt oder beim Essen keinen guten Appetit gewünscht zu haben? Ich suche noch immer nach der versteckten Kamera ...

Es war einfach schön, Nadja zu sehen! Sie gibt mir neue Kraft, einfach wenn sie da ist. Das Paargespräch war – wie erwartet – emotional, aber es hat auch gezeigt: Wir stehen fest und auf Augenhöhe beieinander und zueinander.

Es gibt schlicht und ergreifend keine unausgesprochenen Konflikte. Wir kennen unsere Reibungspunkte und gehen gesund und konstruktiv damit um. Die wohl beste Botschaft dieser Woche!

Und so kann man zu diesem zweistündigen Gespräch nur sagen, dass es schön war und uns die Verbundenheit zwischen uns wieder präsent gemacht hat. Nicht zuletzt aus diesem Grund konnten wir den Rest des Tages harmonisch mit langen Spaziergängen und einem Essen beim Italiener verbringen, denn das nächste Experiment wartet schon: Mein erstes ›Belastungswochenende‹. Am morgigen Samstag werde ich mit Nadja nach Hause fahren, um am Sonntagabend wieder zur Klinik zurückzukehren. Ich freue mich auf die Kinder, mein zu Hause und auf alle bekannten Gesichter, die mir begegnen werden!

Tag 34

꜀꜀

Ich bin am Boden, fühle mich schlecht. Es ist Montag, aber das ist nicht der Grund, denn ich muss ja nicht ins Büro.

Ich fühle Leere, aber auch Enttäuschung, manchmal sogar Wut über mich selbst. Während mein Belastungswochenende entspannt startete, ist es gegen Ende gekippt. Ja, es gab kritische Situationen am Samstag, aber hey, diesen konnte ich mit Gelassenheit (nicht zu verwechseln mit Gleichgültigkeit) begegnen. Das fühlte sich gut an.

Nur leider hielt diese neu gewonnene Gelassenheit nicht lange vor. Spätestens am Sonntagmittag verfiel ich wieder in Verkrampfung, verspürte Druck und Überforderung, hatte das Gefühl, erneut ganz am Anfang zu stehen.

»Fünf Wochen Klinik für die Katz!«, so das Gefühl. Und wieder empfinde ich diese Enttäuschung, nicht zur Genüge ›geleistet‹ zu haben, nicht gelassen genug gewesen zu sein. Und ja, hier nimmt das Übel abermals seinen Anfang: Der Leistungsgedanke bezieht sich sogar auf den Anspruch gelassen sein zu wollen. Ich mache mir selbst Stress mit der Aufgabe, entspannt sein zu müssen. Wie paradox! Wie enttäuschend.

Es hat mich derart angespannt, dass ich am heutigen Morgen mit einer verspannten Rückenmuskulatur und den alten Schmerzen in den Armen aufgewacht bin, die Kiefer fest aufeinandergepresst, sodass ich Kopfschmerzen hatte.

Verdammt, ich kann es einfach nicht lassen. Sobald ich zurück in den Alltag komme, verfalle ich in alte Muster.

Einzig die Tatsache, dass ich es bereits innerhalb des Wochenendes bemerkte, wieder in jene Muster zurückzufallen, werte ich positiv. Auch das Gefühl der Leere erschien mir endlich, ich war nicht hilflos in dieser Spirale gefangen. Dennoch, so habe ich mir das nicht vorgestellt! Ich bin angestrengt und körperlich ermüdet.

Somit interessierte mich heute auch nicht, dass die Gruppenkonflikte weiter eskalieren. Meine Mitgefangenen werden nicht müde, sich verbal gegenseitig auseinanderzunehmen, werden ausfallender in der Wortwahl, bewerfen sich meines Erachtens aber noch immer mit rhetorischen Wattebäuschchen, die ihr Ziel nicht verfehlen. Wer auch immer eines dieser Wattebäuschchen abbekommt, flippt aus und der Zirkus ist groß. Ich schaue es mir an, versuche, es nicht zu bewerten, verkneife mir Fragen, wie:

»Ist nicht euer Ernst, oder?!«

Ich habe inzwischen gelernt: Es ist ihr Ernst! Es ist ihre momentane Welt. Ihr derzeitiger Weg, sich mit dem vermeintlichen Fehlverhalten anderer beschäftigen zu können, den Blick aber nicht auf sich selbst lenken zu müssen, denn das tut ihnen weh. Stattdessen schaue ich oftmals kopfschüttelnd in Richtung der Schiedsrichter. Diese, also die Therapeuten, betrachten jene Konflikte wie immer wohlwollend als ›therapeutische Geschenke‹. Ich hingegen sehe momentan nur einen Kindergarten, der die Grundregeln menschlicher Kommunikation neu erlernen muss. Albernes Geschwätz, das Mücken zu Elefanten macht!

Die reden tatsächlich erneut stundenlang darüber, ob nun einer den anderen auf dem Klinikflur nicht grüßt, weil er in Gedanken ist oder ob es andere Gründe hat. Von ›mangelnder Wertschätzung‹ und ›subtil aggressivem Verhalten‹ ist da die Rede. Ticken die noch sauber? Ach ... nein ... sorry ... deshalb sind wir ja hier ... Ich bin ruhig ... Ich bin gelassen ... Es ist ihr Heilungsprozess ... Ommmmmm ...

Moment mal. Jetzt reicht's, ich scheiß gerade mal auf Gelassenheit!

188

»Leute, jetzt atmet aber mal ganz locker durch die Hose, ja? Man kann Dinge wirklich auch zerreden. Was für euch offenbar ein Heilungsprozess ist, ist für mich reine Zeitverschwendung! Ich meine, schaut euch mal an! Was tun wir hier? Worüber streitet ihr euch eigentlich seit Tagen? Bin ich bei der versteckten Kamera? Wir sind ein Haufen ungekämmter Depris in der Klapse, die über Schwachsinn streiten und um euch zu einer wirklich großen Nummer auf der Bühne zu machen, fehlen uns nur die Zwangsjacken als Requisite! Reißt euch also mal zusammen und denkt mal über euch selbst und die tatsächlich wichtigen Themen nach, als die Ursache für eure Situation auf dem Frühstücksteller des Sitznachbarn zu suchen. Nur ne Empfehlung, eines ebenfalls Kranken«, platzte es aus mir heraus.

Geerntet habe ich lediglich verachtende Blicke, aber wie ich meine, auch solche der Scham vor sich selbst. Einen Angriff auf mich hat niemand gewagt, wobei ich eigentlich damit rechnete, nun die gesamte Meute gegen mich aufgebracht zu haben.

»Tschuldigung, aber das muss auch mal gesagt werden dürfen«, bekräftigte ich sicherheitshalber meine Position, um auch nur den Gedanken eines solchen Angriffs von vornherein im Keim zu ersticken. Wiederum blieb es ohne Gegenwehr.

Nun ja, sollen sie sich halt weiter gegenseitig zerfleischen. Ich nehme für mich mit, dass ich inzwischen eindeutig unempfindlicher gegen Aggressionen geworden bin, die sich ohnehin nicht gegen mich richten und noch dazu meine kurzfristige ›Klinik-Angst‹ vor Konflikten schwindet. Auch das ist ja ein Therapieerfolg.

Und als wäre dieser Tag nicht schon aufgeladen genug gewesen, steht da beim Abendessen genau jener Mann vorm Tisch, wegen dessen emotionaler Entgleisungen ich vormals in einen anderen Bereich des Restaurants geflohen war. Der kam mir gerade zur rechten Zeit – ein therapeutisches Geschenk sozusagen.

»Hallo! Ich möchte euch etwas fragen. Ich komme aus verschiedenen Gründen nicht so gut mit den Leuten an meinem Tisch zurecht«, sagte er zu mir und meiner Tischnachbarin.

Ich befürchtete Schreckliches. Der wollte doch wohl nicht ernsthaft ...

»Ich möchte euch fragen, ob ich mich mit Genehmigung der Therapeuten an euren Tisch setzen darf.«

Das hatte er nicht wirklich gefragt, oder? Der wollte mir nicht wirklich folgen, nicht wahr? Sofort lief es wie eine Laufschrift in roten Lettern über meine Stirn: »NEEEEEEEIIIIIIIIINNNNN!!!!!«

Ich antwortete, ohne einen weiteren Gedanken zu fassen:

»Ich bin dagegen, denn wenn ich ganz ehrlich bin, bist du ein ganz wesentlicher Grund für meinen Umzug von deinem zu diesem Tisch. Ich komme einfach nicht damit klar, wenn mir beim Essen jemand in einer Endlosschleife alle tragischen Momente seines Lebens UND Liebeslebens erzählt und dafür in einer ebenfalls endlosen Schleife mein Mitgefühl erwartet, wie ein sabbernder Hund dem Herrchen beim Öffnen der Futterdose zuschaut. Und um noch mal ganz ehrlich zu sein: Ich esse gerade. Meine Antwort ist nein, ich erkläre es dir aber gern auch noch mal ausführlich nach dem Abendessen.«

Noch während diese Worte aus mir herausquollen, waren sie mir peinlich. Schließlich gab ich gerade einem augenscheinlich kranken Menschen trotz seiner Krankheit einen ordentlichen Tritt in den Hintern. Niemand wollte aufgrund seines Verhaltens etwas mit ihm zu tun haben. Alle gingen ihm aus dem Weg. Das würde ihn vermutlich weiter in die Krise stürzen, wenn auch ich ihm die nächste Abfuhr erteilte. Dennoch konnte ich es einfach nicht erdulden, mir sein ›Gesülze‹ für den Rest meines Daseins innerhalb dieser Klinik anhören zu müssen. Das ging einfach nicht, nicht um meiner selbst willen! Gelassenheit hin oder her: NEIN!

Er antwortete jedoch:

»Len, ich verstehe das. Du musst es mir nicht erklären. Ich mag dich, wie du bist.«

»Welch Hohn!«, dachte ich noch, während er verschwand. Schließlich hatte ich ihn soeben beleidigt. Der konnte mich gar nicht mehr mögen können. Mein schlechtes Gewissen, einen Kranken die Leviten gelesen zu haben und das amüsierte wie sprachlose Kichern meiner Tischnachbarin begleiteten mich in den Abend.

Überhaupt scheint sich beim Essen all das in geballter Form zu zeigen, was sich im Tagesverlauf irgendwie in der Masse der Eindrücke verliert.

So befindet sich dort drüben am Nachbartisch eine Ansammlung von Seniorinnen. Nicht nur, dass sie sich scheinbar vor jedem Essen mit billigem Duftzeug eindieseln, sodass mein komplettes Essen nach demselben schmeckt, nein, sie unterhalten sich aufgrund ihrer offensichtlichen Schwerhörigkeit auch noch in einer Lautstärke über Seniorinnen-Themen, die ihres Gleichen sucht, sodass sich meine Augen in stetiger Regelmäßigkeit gen Raumdecke rollen müssen.

Wenn ich mir das weiter anhören muss, bekomme ich einen richtigen Schaden, so viel steht fest! Oder gar Ohrenkrebs. Jedenfalls bin ich überzeugt, dass eine solche Krankheit bereits eine der drei Damen durchlebt hat. Das ist ihr Lieblingsthema. Frei erfundene Krankheiten. Oder aber, es gibt etwas am Essen herumzumeckern. Wenn die Kaisergarnele mit Safran zum ungenießbaren Kantinenfraß wird, weiß ich, wo die Neurotransmitter mal wieder versagen und warum Antidepressiva mancherorts notwendig sind. Dann ist mir klar, wieso die Klinik ihre Daseinsberechtigung hat!

Ebenfalls eines dieser Beispiele ist ›Hagrid‹, wie ich ihn nenne. Ein Mitgefangener und Extrem-Beispiel der Kategorie 1 ›The walking dead‹. Ein Kerl wie eine Mischung aus Baum und Räuber Hotzenplotz. Groß, bärtig, dunkel mit grimmigem, meistens leerem Blick. Sein Körper scheint sich seit seiner Ankunft vor vier Wochen jedoch noch immer auf die grundlegenden Funktionen der Selbsterhaltung zu beschränken. Jedenfalls trägt er seither die gleichen Klamotten, scheint sich nur selten zu waschen, läuft wie ein Zombie, frei der Unterdrückung von Körpergeräuschen in der Öffentlichkeit durch die Klinik. Dabei redet er gar nicht, oder zusammenhangslose Sätze, die jeder für sich betrachtet, jedoch auf ein Höchstmaß von Intelligenz schließen lassen, die irgendwo in dieser nur noch grundlegend funktionierenden Hülle wohnen muss. Wenn er redet, scheinen Gedanken aus ihm herauszuquellen, die spontan durch sein Hirn rasen. Spricht man ihn beispielsweise mit »Guten Morgen!« an, so läuft er in aller Regel teilnahmslos an einem vorbei, starrt ins Leere, als wäre man nicht vorhanden.

Das ändert sich allerdings, wenn er einen Partner zum Schachspielen sucht. Dann stellt sich in seinen

Augen ein fordernder Blick in Richtung eines poten-
ziellen Gegners ein, gefolgt von den Worten »Haste
Lust?«, und einem weiteren deutenden Blick auf das
Schachbrett. Faszinierend ist es, wenn er danach
wortlos, in atemberaubender Geschwindigkeit und
mit wirrem Blick Schach spielt, wie ein Weltmeister.
Ungeschlagen bisher!

Oft hilft er außerdem seinem Gegner, um es sich
selbst nicht zu einfach zu machen. Passend zum
verqueren Bild verhält er sich im Essbereich, wie das
Krümelmonster in der Sesamstraße. Nur der Ausruf
»Kekse!« fehlt, wenn er sich über die Mahlzeit
hermacht. Der Inhalt eines vollen Tellers
verschwindet innerhalb von Sekunden in seinem
Rachen, die Reste des Massakers fliegen umher wie
die Federn eines geplatzten Kissens während der
Kissenschlacht und landen rund um seinen Stuhl auf
dem Boden. Noch kauend steht er plötzlich hektisch
auf und verschwindet im Klinikflur.

Bevor dies jedoch geschieht, ist es recht unterhaltsam, seine Tischnachbarn zu beobachten. Insbesondere die Gesichtsfarbe jenes offenkundig sportsüch-
tigen und auf grundlegende Etikette bedachten
Mitgefangenen, den ich aufgrund seines Körperbaus
liebevoll ›die Kante‹ nenne, wechselt von sanft Haut-
farben zu einem Tiefrot, welches mich an ein Glas
Rotwein erinnert – oder an die Nase des Alkoho-
likers daneben.

Nach einer Woche der Stille und des vorsichtigen Kennenlernens, fliegen zwischen der Kante und Hagrid derweil Kommentare wie »Du müsstest mal weniger schmatzen und dich waschen«, erwidert von »Dein essen sieht aus wie Kotze« hin und her. All das geschieht, abgesehen vom Wechsel der Gesichtsfarbe auf Seiten der Kante, mit derart gleichgültigen und neutralen Gesichtsausdrücken, dass ich mich frage, ob sie das da gerade wirklich sagen. Um ehrlich zu sein fürchte ich dennoch, dass die Kante in absehbarer Zeit eine gerade Rechte in Richtung Hagrid ausfahren wird. Ich werde darüber berichten.

Nun ja, wenigstens sind über Nacht die Hanteln wieder im Fitnessraum aufgetaucht, nachdem der Kante in der Kaffee-Ecke beiläufig, von deren Verschwinden berichtet wurde. Hat da etwa jemand heimlich in der Nacht auf dem Zimmer trainiert? Schön, dieses Klinikleben! Irgendwie unterhaltsam. Klinik-Trash-TV!

Tag 35

IHT IHT IHT IHT IHT IHT IHT

Ich gönne mir einen weiteren Tag der Faulheit. Ich müsste sicherlich Sport treiben, etwas für meine Gesundheit tun. Ich habe mich allerdings dazu entschieden etwas für meine Gesundheit zu tun, indem ich eben nichts tue. Ich durchlebe den Klinikalltag und nutze die Pausen für mich, um mein neues ›Spiel‹ auszuprobieren: Ich meditiere. Ja, ich habe Gefallen daran gefunden, mich zurückzuziehen, mich selbst und meine Gedanken zu betrachten. Auf diese Weise finde ich zu Ruhe und Gelassenheit zurück. Ich schöpfe neue Kraft, welche die Erfahrungen vom zurückliegenden Wochenende weder angenehmer noch unangenehmer macht. Nein, es lässt diese Erfahrungen einfach existieren, lässt sie vorhanden und in Ordnung sein.

Inzwischen habe ich mir auch einige Tricks ausgedacht, in dieses Spiel hineinkommen zu können. Das Problem entsteht, wenn mal wieder diese vielen Ameisen in meinem Kopf umherlaufen, die im ersten Moment in ihrer Anzahl zu viele sind, um sich auch nur irgendwie von mir betrachten zu lassen. Meine Lösung dazu: Ich suche mir ein Objekt irgendeiner Art aus. Mit einer Kerzenflamme funktioniert es am besten.

Ich beobachte also diese Flamme, einfach nur die Flamme. Ich beobachte, wie sie flackert. Immer wenn mir ein Gedanke durch den Kopf schießt und mich ablenkt, bemerke ich, dass ich ja gar nicht mehr das Flackern beobachte. Und immer wenn ich das erkenne, lenke ich meine Aufmerksamkeit wieder auf die Flamme, ohne mich über das Abschweifen zu ärgern. Vielmehr sehe ich es positiv, mein Abschweifen bemerkt zu haben.

Ähnlich verhält es sich mit meditativen Klängen, die sich mittlerweile nahezu überall im Internet finden lassen: Ich konzentriere mich darauf und stelle irgendwann fest, dass ich gar nicht mehr fokussiert bin. Ich bemerke es und kehre dorthin zurück ohne mich zu zermartern. Das kommt oft in dieser Art vor, aber ich ärgere mich nicht. Ich freue mich eher darüber, es immer wieder hinter mir zu lassen.

Was mir ebenfalls dabei hilft zur Ruhe zu kommen, ist eine bestimmte Körperhaltung, während ich mich auf diese Weise fokussiere. Ich sitze aufrecht, mit gerader Wirbelsäule, als hätte ich eine Schnur am Kopf, mit der ich an der Zimmerdecke befestigt bin. Mein Unterkiefer ist locker, die Zunge liegt ebenfalls entspannt am Gaumen. Meine rechte Hand liegt in der Linken, wie in einer Schale, die Handflächen zeigen nach oben. Sie passen so ineinander, dass sich meine Daumenspitzen nahezu berühren. Diese ›Schale‹ ruht knapp unterhalb meines Nabels am Bauch, sodass meine angewinkelten Arme meinem Brustkorb ausreichend Platz bei der Atmung bieten.

Wahlweise lege ich die Hände auch einfach auf meine Oberschenkel. Meine Schultern hängen trotz dieser aufrechten Sitzposition völlig locker. Ich atme nicht mehr in die Brust, sondern bewusst in meinen Bauch, versuche den Atem dort hinzulenken, wo ich die Hände vor den Bauch halte. Ich kann es kaum erklären, aber schon diese Position lässt Ruhe in mir einkehren, und mich meinen Atem sowie meinen Körper besser wahrnehmen.

Sitze ich einfach nur ›irgendwie‹, ist dies nicht der Fall. Vielleicht ist es schlicht und ergreifend, wie eine Art Ritual, das meinen Körper auf die Meditation einstellt. Ich weiß es nicht, aber es funktioniert.

Etwa zweieinhalb Stunden muss ich heute mit dem Meditieren verbracht haben und es tat mir wirklich gut. Es stellte sich sogar ein weiterer Aha-Effekt bezüglich des Bemerkens des gedanklichen Abschweifens und der kleinen Freude darüber ein. Das ist scheinbar nämlich nur eine Variante des ›In-Sich-Kehrens‹.

Ich habe darüber hinaus gelernt, dass ich gar nicht verkrampft versuchen muss meinen Kopf leer zu bekommen, um tatsächlich zu meditieren. Nein, das ist ein Trugschluss. Vielmehr empfinde ich es in manchen Momenten als Errungenschaft, all meine Gedanken überhaupt wahrzunehmen und sie in aller Ruhe betrachten und vorüberziehen sehen zu können. Ohne jegliche Wertung. Ohne Planung. Sie sind da, ich schaue sie mir an. Die Gedanken gehen vorüber oder kommen noch einmal vorbei.

»Et kütt wie et kütt«, würde der Kölner wohl sagen. Was jedoch im weiteren Verlauf geschieht, ist umso erstaunlicher: Jene Masse von Gedanken wird ganz automatisch weniger, je mehr ich sie beobachte, aber eben nicht verfolge. Bis einfach keiner mehr vorbeikommt oder nur noch ganz wenige übrig bleiben, die betrachtet werden möchten. Was ich nun vor dem geistigen Auge oder als Gefühl in meinem Bauch mitbekomme, ist keinesfalls eine negative, langweilige Leere, nein, es ist eine Leere, die erstaunlicherweise ein irgendwie positiv geladener Raum des Wohlgefühls ist. Ein Ort der absoluten Entspannung und Sicherheit, ein paradiesischer Ort.

Ist das nun wahre Meditation? Ich habe keinen Schimmer, aber es tut gut! Und es lässt mich nachfolgend mit einer grenzenlosen Ruhe durch den Tag laufen, fast so, als hätte man mir eine ›Alles-nicht-so-tragisch‹-Pille vor einer Operation gegeben. Ich fühle mich wach, ausgeschlafen und einfach grenzenlos entspannt. Ich bin nicht gleichgültig, aber gelassen, habe das Gefühl von Freiheit, bin guter

Dinge. Ich habe hier eine Ressource entdeckt, die mich binnen kurzer Zeit volltanken kann. Ich entwickle Freude daran, rasch beim Mittagessen, oder während des Gehens durch die Klinikflure in mich zu kehren, ohne die Augen zu schließen oder vor eine Wand zu laufen. Ich bin wach, aber ich bin ebenfalls ganz tief bei mir. Im Hier und Jetzt.

Ich glaube darüber hinaus, dass jenes Werkzeug in den verschiedenen Ausprägungen mir helfen wird, Dinge neu bewerten zu lernen. Zumindest habe ich durchschaut, dass Erfahrungen, positive wie negative, neuronale Verbindungen im Hirn wachsen lassen. Das ist auch sinnvoll, schließlich will man sich ja nicht mehrfach die Finger an einer Herdplatte verbrennen, selbst wenn ich das als Kind durchaus getan habe. Was aber ebenfalls bei mir geschehen ist, ist ein sofortiges Gefühl von ›Achtung! Vorsicht Herdplatte ... könnte heiß sein‹, wenn ich eine Herdplatte erblicke. Ein automatischer Prozess, über den ich nicht nachdenken muss. Eine Art Datenautobahn im Gehirn, die Reaktionen quasi instinktiv erlaubt.

In meiner Vorstellung ist das evolutionär betrachtet sogar sehr sinnvoll. Denken wir nur mal an die Steinzeit und ›Achtung Säbelzahntiger! Gefahr! Rennen!‹. Die in einer solchen Situation recht langwierige Analyse zur eventuellen Gefährlichkeit eines Säbelzahntigers, die im Optimalfall zu der Erkenntnis führen würde, dass man sich doch lieber in Sicherheit bringen sollte, gefolgt von der entspannten Auswahl der Methode sich dorthin zu bewegen, wäre vermutlich recht ungesund. Die Prägung des Hirns, das bei einer Begegnung mit einem Säbelzahntiger quasi automatisch die Flucht zu ergreifen ist, scheint da schon praktischer.

Schwierig wird es jedoch in meiner Vorstellung der Zusammenhänge, wenn in dieser neuronalen ›Prägung‹ etwas schiefgeht und das Hirn mit unangemessener Panik reagiert. Ein weiteres Beispiel: Angenommen meine erste Begegnung mit einem Küchenmesser endete mit dem Schnitt in die Hand. Vielleicht sogar noch die Zweite ... Ich würde Küchenmesser unweigerlich mit Schmerz und einer negativen Erfahrung verbinden, selbst wenn ich sachlich wüsste, dass es ein praktisches Werkzeug zum Gemüseschneiden ist.

Die neuronale Verbindung wäre geschaffen. Angst würde immer dann in mir aufsteigen, wenn ich ein Küchenmesser erblicke. Eine blöde Situation. Wie man mir erklärte, ist es schwer, vielleicht sogar unmöglich eine solch ›feste‹ Verbindung gänzlich aufzulösen. Man kann allerdings durch frische, positive Erfahrungen neue neuronale Verbindungen schaffen, die häufiger genutzt und damit relevanter in der Nutzung werden. Ist es mir also möglich, meine Angst zu überwinden und häufig Gemüse mit Küchenmessern zu bearbeiten, ohne mich dabei zu verletzen und sogar noch leckere Mahlzeiten daraus zuzubereiten, werde ich durch diese positive Erfahrung die alten Negativen ›überschreiben‹ können, sie zumindest unwichtiger machen. Meine Angst vor Küchenmessern würde nachlassen.

Wenn ich richtig informiert bin, so nennen Psychologen einen solchen Vorgang ›kognitive Umstrukturierung‹. Einst konditionierte Verhaltensweisen werden durch eine neue Sicht auf die Dinge und entsprechendes Training verändert.

Was hat das alles nun mit Meditation zu tun? Die Meditation wird mich befähigen, Situationen die in mir in der Vergangenheit Angst, Stress oder Überforderung erzeugt haben, gelassener betrachten zu können. Ich werde sie wahrnehmen, ohne sie zu unterdrücken. Diese Unterdrückung war schließlich die Ursache für die Depression. Ganz wesentlich ist es darüber hinaus, dass die Meditation in meinem Fall die sinnvolle Betrachtung und die darauffolgende Analyse, sowie die Bearbeitung überhaupt erst ermöglicht.

Auf das Küchenmesser-Beispiel bezogen bedeutet es, dass ich mit Hilfe von Meditation überhaupt erst mit einer gewissen Gelassenheit betrachten würde, warum ich Angst vor diesen Gegenständen hätte und wie sich diese Angst anfühlt. Dadurch würde ich nicht mehr von ihr getrieben, in ihr verloren sein. Im Gegenteil könnte ich nun wieder das Steuer in die Hand nehmen und mir eine Strategie überlegen, mein Bild vom Küchenmesser zu aktualisieren und diese Strategie aktiv angehen. Ich ändere also aktiv meine Perspektive auf die Dinge und das ganz ohne Therapeuten! Hier setzt sich das Puzzle für mich erneut zusammen:

Meditation – Stärkung des ICH-Begriffs – Gelassenheit – Perspektivwechsel – Handlungsfähigkeit.

Alles das, was ich hier in der Klinik von wissenschaftlichen Erkenntnissen über Hirnfunktionen lerne, scheint sich also in gewisser Weise mit den Achtsamkeitsübungen, mit der Meditation in Einklang bringen zu lassen. Prima!

Lediglich die Frage, wie ich diese Fähigkeit mit in den Alltag außerhalb der Klinik nehmen kann, drängt sich mir noch immer auf. Schließlich bin ich hier in einer völlig geschützten Welt und kann im Alltag nicht so einfach in einer esoterischen Wolke durchs Land schweben. Ich versuche jedoch, diese Frage über die Zukunft im Hier und Jetzt nicht zu nah an mich heranzulassen, um nicht wieder in eine Grübel- und Planungsschleife zu geraten. Noch bin ich nicht an dem Punkt angekommen, weit in die Zukunft denken zu wollen. Wichtiger ist mir, den aktuellen Tag gelassen durchleben zu können, diese Fähigkeit zu trainieren.

Tag 36

||||| ||||| ||||| ||||| ||||| ||||| ||||| |

All dieses Gefasel von der Meditation ist ja gut und schön. Und ja, hierin scheint mein Weg zu liegen. Trotzdem ist das alles nicht so einfach! Ich schwebe jedenfalls nicht voller Erleuchtung durch die Klinikgänge. Ganz im Gegenteil scheint mir das Belastungswochenende noch immer in den Knochen, beziehungsweise in der Muskulatur, zu hängen. Ich bin nach wie vor verspannt, habe starke Schmerzen in den Armen. Ja, ich bin gelassener als vor fünf Wochen ... Wirklich gelassen bin ich jedoch ganz offensichtlich nicht, sonst hätte ich ja nicht diese Schmerzen.

Vielleicht ist es mal wieder die Sorge vor der Zukunft, die sich inzwischen in mein Seelenleben schummelt. Vielleicht ist es auch das, was die Körpertherapeuten ›Gedächtnis des Gewebes‹ nennen. So könnte mein Körper schon derart daran gewöhnt sein sich zu verspannen, sodass er es für einige Zeit auch noch ohne jeglichen Grund tun wird.

Aber auch das versuche ich von einer gelassenen, nicht-wertenden Perspektive zu betrachten. Wenn es so einfach wäre, vollendete Gelassenheit zu erlangen, würde es ja jeder tun! Ich behelfe mir mit dem Gedanken, dass alles zu seiner Zeit kommt und ich mit meinen Erkenntnissen schon große Fortschritte gemacht habe. Und die Umsetzung kann bekanntlich erst nach der Erkenntnis kommen. Schrittweise ... Niemals mit einem magischen ›Puff!‹ und alles ist gut. Schrittweise ... Mit Zeit ... Darum bin ich hier!

Auch therapeutisch tut sich etwas: Ich werde das anstehende Wochenende in der Klinik verbringen. Alle darauffolgenden werden jedoch Belastungserprobungen sein. Das soll heißen, dass ich wöchentlich nach Hause fahre, um mich auf den Alltag nach meinem Klinikaufenthalt vorzubereiten. Das ist ein gutes Gefühl, denn ich traue mir zu, Schritt für Schritt auch daheim, also im alltäglichen Leben ›gelassener‹ bleiben zu können.

An mir selbst bemerke ich zwar in gewisser Weise die Motivation, zurück ins normale Leben zu gehen, dennoch fehlt mir hier vor Ort etwas Antrieb, was Sport oder Spaziergänge angeht. Ich versuche, das aber nicht über zu bewerten, sondern gönne es mir, einfach mal faul zu sein. Ich spreche mit anderen Patienten in der Kaffee-Ecke und informiere mich über den neusten Kliniktratsch, gehe in die Sauna oder lese. Ich verkrieche mich nicht, bin nicht von Leere oder Traurigkeit erfüllt. Nein! Ich lebe und genieße das schöne Nichtstun.

Tag 37

||||| ||||| ||||| ||||| ||||| ||||| ||||| ||

Tja, im Grunde geht es mir heute, wie gestern. Ich bin nach wie vor faul und in gewisser Weise gelassen, wenngleich sich von Tag zu Tag mehr und mehr Gedanken zum Leben nach der Klinik in meinen Kopf schmuggeln. Inzwischen bin ich der Ansicht, dass das vielleicht gar nicht so schlecht ist. Ich betrachte diese Gedanken, werfe sie mental in einen Ideen-Topf, werde sie später bewerten. Ist das eine gesunde Herangehensweise? Ich denke schon … Ich schiebe nichts weg, überstürze aber nichts. Vielleicht ist es genau das, was ich hier gelernt habe. Manchmal kommt jedoch das Gefühl in mir auf, ›faul‹ und ›ineffizient‹ zu sein. Betrachte ich mir dieses Gefühl während der Meditation, wird mir jedoch mit einem Lächeln klar, dass es genau jene Stimme ist, die mich krank gemacht hat. Dann fühle ich mich wieder gut mit meinem ›langsamen‹ Tempo.

Bleibt zu berichten, dass Hagrid mir auf dem Flur begegnet ist. Diesmal hat er mich angeschaut und ich wusste sofort, dass er einen dieser losen Gedanken im Kopf hatte, der ihm zu schaffen machte. Ich wusste, er würde Worte an mich richten wollen, um diesen Gedankenfetzen auszusprechen. Er blieb vor mir stehen und schaute mich an. Ich sagte »Hi!«. Hagrid starrte mich an. Stille. Nach Sekunden des Gegenüberstehens, wie beim Duell im Wilden Westen, atmete er ein, um das Wort zu erheben. Was würde er sagen? Vielleicht ein simples »Hallo«? Oder würde er einen Gedanken zum Verhalten von Albino-Kegelrobben bei Vollmond im Frühling mit mir teilen? Nein, das tat er nicht. Es war besser. Hagrid atmete ein und fragte mit tiefer Stimme und ohne eine Regung im Gesicht:

»Kriegste noch einen hoch?«

Ich blieb ernst, obwohl mir unendlich viele komische Sprüche durch den Kopf schossen. Aber ich wusste, dass er mich niemals angesprochen hätte, wenn dieser Gedanke ihm nicht bereits eine gefühlte Ewigkeit durch den Kopf gehen würde. Er meinte nicht mich. Hagrid wollte mich nicht provozieren, oder einen Witz machen. Nein, er hatte diesen Gedanken, der ihm offenbar Sorge bereitete. Es ging um ihn. Mit mir selbst ringend, bloß nicht zu lachen, atmete ich ein. Mit ernstem Blick und seinen Ton adaptierend, sagte ich mit ebenfalls dunkler Stimme:

»Jop. Keine Pillen bei mir.«

Das war sein Startschuss. Hagrid lief wortlos weiter und verschwand im nächsten Flur. Er hatte seine Information. Es gab keinen Grund, weiter mit mir zu kommunizieren. Ich hielt kurz inne und reflektierte, was das wohl gerade gewesen war.

Vorbei an der Servicekraft, die soeben mit fragendem Blick eine alte Pizza aus dem Bücherregal fischte, ging ich wenig später in die nächste Gruppentherapie und wurde mir plötzlich wieder ganz klar darüber, dass ich mich in einer psychosomatischen Klinik befand.

Wenn Wahn zu Wirklichkeit wird ...

Tag 38

||||　||||　||||　||||　||||　||||　||||　|||

Ich hatte schon befürchtet, meine Einzeltherapiesitzungen würden, aufgrund der neu in mich eingekehrten Gelassenheit, künftig langweilig werden. Glücklicherweise hat mich die heutige Gruppentherapiesitzung eines Besseren belehrt. Was geschah, ist recht schnell erzählt, denn aufgrund einiger in der Tat sehr bewegender Themen, brachen plötzlich drei Gruppenmitglieder zur gleichen Zeit in Tränen aus. Das mag für den Außenstehenden zunächst mal nicht außergewöhnlich klingen, in der Gruppe war es jedoch das erste Ereignis, dieser Art. Geweint wurde immer mal wieder, der Unterschied lag hier in der Gleichzeitigkeit, mit der dieses Ereignis bei eben jenen drei Gruppenmitgliedern auftrat.

Was nun mit mir geschah, war rückblickend recht interessant: Zunächst einmal bekam ich feuchte Handflächen bei der Betrachtung dessen, was da vor sich ging. Dem aber nicht genug, diese offensichtliche Unruhe in mir steigerte sich weiter. Ich begann, Adrenalin auszuschütten, bekam einen heftigen Bewegungsdrang. Man könnte sagen, dass sich eine

Art Panik in mir breitmachte. Dies wiederum ärgerte mich, denn eben war ich doch noch so gelassen gewesen und sogar immun gegen jegliches schwierige Thema oder gar Aggressionen, die in den Gesprächen aufkamen. Warum jetzt diese Reaktion, dieser unkontrollierbare Fluchtgedanke?

Bald darauf entschied ich, mich nicht weiter beherrschen zu wollen. Ich entschuldigte mich, verließ den Raum, um eine Runde ums Klinikgebäude zu laufen. Ich musste Dampf ablassen. Glücklicherweise hatte dieses Vorgehen auch den gewünschten Effekt, sodass ich wenig später in die Gruppe zurückkehren und wieder annähernd gelassen dort verweilen konnte.

Während ich also auf das Geschehene zurückblicke, wird mir klar, dass ich es hier vielleicht mit einem dieser vielzitierten ›therapeutischen Geschenke‹ zu tun habe, da heute etwas ganz Anderes passierte, als ich zunächst in meinem Ärger über die vermeintlich verlorene Gelassenheit dachte.

Wäre ich vor Ankunft in dieser Klinik in eine solche Situation geraten, hätte ich gänzlich anders reagiert. Entweder, ich hätte mich der Situation entzogen, sofern es die Möglichkeit gegeben hätte. Flucht, ohne Rückkehr, ohne weitere Gedanken daran. Die andere Option wäre kühles Aussitzen der Situation durch Unterdrückung meiner Emotion gewesen. Die ›Pokerface‹-Taktik sozusagen.

Was heute aber stattdessen passierte, ist zunächst einmal die aktive Wahrnehmung der Situation und insbesondere ihrer Auswirkung auf mich. Ich habe also bemerkt, was in mir vorging und die Ursache erkannt. Im zweiten Schritt wurde mir klar, dass es nicht zielführend sein konnte, dieses Gefühl zu deckeln, es wegzuschieben. Stattdessen forderte es ein Handeln meinerseits. Ich habe mich also aktiv für die Bewegung entschieden, um dieser Emotionsspitze ein Ventil zu bieten. Als die meiste Energie aus mir heraus war, konnte ich noch während des Weges um die Klinik betrachten, was da eben genau passiert war. Es war mir möglich, die Emotion aus einer Art Regiestuhl zu sehen und zu analysieren. Auf diese Weise fand ich den Ansatz, zu meiner Gelassenheit, die ich vor dem Ereignis in mir hatte, zurückzukehren.

Ich habe also instinktiv anders gehandelt, als ich es vor dem Klinikaufenthalt getan hätte. Ich habe die Situation bearbeitet, nicht unterdrückt, mich selbst aus einem anderen, neutraleren Blickwinkel betrachtet. Auch wenn sich das für mich selbst anfühlt, als würde ich nun jedes Gefühl albernerweise in seine Einzelteile zerlegen, leitet mich dieser Vorgang erneut zu einer Erkenntnis:

Gelassenheit bedeutet keinesfalls, nichts zu fühlen. Sie bedeutet nicht, über den Dingen zu schweben und unantastbar zu sein. Genau das wäre ja kontraproduktiv und würde in Gefühlskälte und vielleicht gar Depression münden! Heute wurde mir stattdessen deutlich vor Augen geführt, dass es sehr wohl notwendig ist, jene Emotionen zu spüren und zu durchleben. Ausschlaggebend ist der Umgang damit.

Ich habe sie gesteuert, nicht die Emotion mich. Sie wollte die Kontrolle übernehmen, aber mir war klar, dass ich in der Lage bin, dies zu verhindern, ohne sie zu ignorieren. Ich habe den ›Autopiloten‹ ausgeschaltet, mir die Gegend beguckt und dann zum Spaß ein paar Loopings gedreht - alles lief gut!

Gelassenheit und Gleichgültigkeit sind weit voneinander entfernt, das hat sich hier ganz deutlich gezeigt. Mein kurzer Ärger über meine eigene Reaktion fand seinen Ursprung in exakt dieser Fehl-interpretation. Bisher existierte dieses Bild des alten, weisen Mannes in meinem Kopf, der egal, was auch passieren mag, gelassen lächelnd im Schneidersitz verweilt, über den Dingen schwebt und keinen Groll, keine Trauer und keine Angst fühlt.

Aber genau dieses Bild ist falsch! Zumindest was die Vorgänge in meinem Innern betrifft. Vielleicht komme ich irgendwann an den Punkt, an dem das Außenbild exakt, dem dieses alten Mannes gleicht, aber ich hoffe niemals an den Punkt zu kommen, nach innen nichts zu fühlen. Dies wäre Unterdrückung und Deckelung von Emotionen. Und das macht krank!

Natürlich wird es in den folgenden Einzeltherapiesitzungen Thema werden müssen, was mich überhaupt an drei weinenden Personen in Panik versetzt hat, aber jetzt bin ich zufrieden. Zunächst einmal bin ich froh, mehr Sicherheit im Umgang mit emotionalen Ausnahmesituationen dieser Art zu haben und sie selbst bewältigen zu können, anstatt sie zu unterdrücken oder aber von ihnen kontrolliert zu werden.

Das ist doch schon mal was oder nicht?

Tag 41

‖‖‖ ‖‖‖ ‖‖‖ ‖‖‖ ‖‖‖ ‖‖‖ ‖‖‖ ‖‖‖ |

Heute bin ich erstaunt. Und verunsichert ... Irgendwie bin ich aber auch glücklich! Aus der Intention heraus, mehr über das zu erfahren, was ich für mich Meditation nenne, fing ich an, Bücher mit buddhistischem Hintergrund zu lesen. Wenn sich jemand mit Meditation auskennt, sind es ja wohl diese Jungs, wie ich meine. Um dem Ganzen aber auch etwas Greifbares abzugewinnen, finde ich insbesondere jene Bücher interessant, an deren Erstellung sich auch Neurowissenschaftler beteiligt haben. So finden sich hier also diverse Studien, die wissenschaftlich nachweisen, dass mit Hilfe regelmäßiger Meditation deutliche Veränderungen im menschlichen Gehirn stattfinden. Mit zunehmender Übung werden beispielsweise solche Hirnareale deutlich aktiver, die für das Empfinden von Glück und Zufriedenheit zuständig sind.

Um das Ganze abzurunden, werden aber auch verschiedene Arten der meditativen Übung beschrieben. Und nun das Erschreckende: Vieles dessen, was hier beschrieben wird, ist genau das, was ich bereits grundlegend praktiziere.

Natürlich gibt es auch Namen für diese Techniken. Was ich noch in der letzten Woche mit Hilfe des Beispiels der Kerze oder der Musik beschrieben habe, nennt sich hier ›objektbezogene Meditation‹. Meine Erkenntnis darüber, stets Gedanken im Kopf zu haben, den Geist gar nicht abstellen zu können und stattdessen gelassen die eigenen Gedanken zu betrachten, scheint durchaus richtig und wird genau so beschrieben. Auch jene ›positiv geladene Leere‹, die ich vor einigen Tagen erstmals erlebte, hat in der buddhistischen Lehre einen wichtigen Stellenwert. Der für mich selbst definierte ›Ich‹-Begriff kommt im buddhistischen Sinne dem ›Gewahrsein des eigenen Geistes in seiner reinen Form‹ sehr nahe, wenngleich mein ›Ich‹-Begriff hier, wie auch meine anderen Erkenntnisse wohl nur an der philosophischen Oberfläche kratzen. Aber die Basis scheint absolut gleich zu sein!

Das ist mir etwas unheimlich, motiviert mich aber auch. Es zeigt mir, dass ich auf einem richtigen Weg wandle. Diese Bücher helfen mir dabei zu verstehen, was ich mir selbst beibrachte und es weiter zu vertiefen! Es stellt sich mir aber auch die Frage, inwieweit ich mich in eine Idee verrannt haben könnte, und ob ich das, was ich lese, lediglich in diese Idee hineinprojiziere. Andererseits steht es doch da! Und das, was ich vor einigen Tagen schrieb, steht auch da. Es passt übereinander!

Deutlich stärker ist heute auch wieder der Wunsch, diese Klinik irgendwann zu verlassen und mit Hilfe meiner Meditation zurück in einen Alltag zu gehen. Die Therapie erscheint mir momentan als durchaus nützlich, verliert aber ihre gefühlte Notwendigkeit. Ich empfinde mich wieder stärker und stabiler, bin motiviert nach Hause zu gehen.

Gleichzeitig weiß ich, dass dies nur eine Momentaufnahme sein kann. Ich beschließe, die kommenden Belastungserprobungen abzuwarten, den Eindruck mit meiner Einzeltherapeutin zu teilen und auf diese Weise zu einer Entscheidung zu kommen, wann es Zeit für mich ist, den Aufenthalt hier zu beenden.

Es bleibt zu hoffen, dass dieses ständige Hinterfragen meiner Selbst, dieses Misstrauen gegenüber der eigenen Wahrnehmung auch irgendwann wieder ein Ende findet.

Tag 44

|||| |||| |||| |||| |||| |||| |||| |||| ||||

Schon wieder eine Lücke von zwei Tagen im Tagebuch. Das liegt daran, dass ich eine dieser Belastungserprobungen durchleben durfte. Am Dienstag bin ich gen Heimat gereist, habe einen wirklich schönen Tag mit meiner Familie verbracht, um am Mittwochmorgen einmal im Büro vorbeizuschauen, einige Hände zu schütteln, Gespräche zu führen, und einfach mal wieder in der altbekannten Umgebung zu sein.

Naja, und so ganz nebenher habe ich auch einmal im Tattoo-Studio vorbeigeschaut, um einen Termin wahrzunehmen, der schon seit etwa zehn Monaten vereinbart war. Die von mir arrangierte Belastungserprobung fand daher vielleicht nicht ganz zufällig genau an diesem Tag statt. Dennoch war sie ja auch gut, denn das Ergebnis ist ermutigend: Während dieser beiden Tage schaffte ich es, völlig bei mir selbst und gelassen zu bleiben. Keine Schweißausbrüche, keine verspannte Muskulatur, keine Stimmungsschwankungen. Und die Tatsache, dass ich schon wieder kleine Tricksereien zur Wahrnehmung von Tattooterminen arrangieren kann, macht schließlich auch Mut!

Zusätzlich habe ich nun den Beweis dafür, dass meine Meditationsversuche offenbar nicht aus der Luft gegriffen sind, denn ich habe es tatsächlich geschafft, mich viereinhalb Stunden tätowieren zu lassen, ohne dabei mit der Wimper zu zucken. Nicht dass ich keine Schmerzen verspürt hätte, aber ich habe zuvor mit Hilfe der buddhistischen Lehre gelernt, dass Schmerzen in aller Regel erst dann als richtig schlimm empfunden werden, wenn man Angst vor ihnen hat. Entweder davor, dass sie nicht mehr verschwinden werden, oder auch Angst vor einer Verschlimmerung.

»Was Du angstvoll fokussierst, wird stärker!« Das versucht man uns auch in der Klinik immer wieder nahe zu bringen. Fokussiere ich also die negativen Seiten des Schmerzes, so wird dieser in meiner Wahrnehmung auch einen deutlich wichtigeren und vor allem unkontrollierbareren Stellenwert einnehmen. Die Lösung ist gleichfalls einfach wie unglaublich: Ich habe versucht, den Schmerz bewusst wahrzunehmen, ihn zu betrachten und zu beobachten und so die Angst vor ihm zu verlieren. Das tat ich mit offenen Augen und sogar während des Gesprächs mit der Tätowiererin. Beobachten, wahrnehmen, akzeptieren. Und siehe da: Ich hörte auf, Adrenalin auszuschütten, Entspannung kehrte ein.

Ich fühlte nach wie vor, was da vor sich ging, manchmal wurde der Schmerz auch stärker und unangenehmer, aber die Ruhe blieb. Es war noch nicht einmal anstrengend diese aufrecht zu erhalten. Sie war einfach da, während ich die Situation beäugte und für mich annahm. Ich finde das noch immer unglaublich, insbesondere dann, wenn ich mir vor Augen führe, dass ich bei meiner ersten Tätowierung so viel Adrenalin in mir hatte, dass ich nur mit Glück zwei Stunden durchhielt.

Die Lehre, die ich daraus ziehe, ist nicht etwa, dass sich buddhistische Mönche und depressive Bananen tätowieren lassen sollten, sondern etwas viel Grundlegenderes. Es ist die Tatsache, dass Meditation auf keinen Fall unweigerlich damit verbunden ist, ein Räucherstäbchen anzuzünden und sich mit geschlossenen Augen in die Einsamkeit zu begeben. Das scheint eher ein weitverbreitetes Missverständnis zu sein! Diese ›aufwändige‹ Herangehensweise verstehe ich hingegen eher als eine einzelne Variante der Meditation. Das ›Deluxe-Wellnesspaket‹ sozusagen.

Einmal erlernt können Meditation und Achtsamkeit jedoch auch etwas ganz Alltägliches sein, von dem das Umfeld überhaupt keine Notiz nimmt. Meditation und Achtsamkeit ist die Kunst, sich im Alltag unbemerkt auf sich selbst und seine Wahrnehmung im Kontext des eigenen Daseins in der

Welt zu fokussieren und diese voller Gelassenheit und Freude zu betrachten. Das kann manchmal nur Sekunden dauern. Wichtig ist jedoch, DASS es mit Regelmäßigkeit praktiziert wird. Auf diese Weise sind die vielzitierte ›tägliche Meditationspraxis‹ und ein ganz normaler Alltag miteinander vereinbar und führen zu einer positiveren Geisteshaltung. Es ist also keinesfalls notwendig, sich in ein Kloster zu begeben. Jene, die es tun wählen eben diesen, also einen von vielen möglichen Lebenswegen, um sich selbst auf diese Disziplin zu spezialisieren. Eine Notwendigkeit gibt es jedoch nicht.

Achtsamkeit und Meditation sind eher einem Gebet ähnlich, das viele Gläubige vor dem Essen, dem Schlafengehen, vor einer wichtigen Prüfung oder während der Abfahrt in der Achterbahn, in der sie sich vielleicht in diesem Moment befinden, gen Himmel schicken ... Nur mit dem Unterschied, dass der Weg von Achtsamkeit und Meditation keinerlei Gottheit und lediglich den Glauben an die eigene, positive Energie im Kontext aller weiteren Energie im Universum erfordert. So oder ähnlich zumindest die grundlegende und ursprüngliche Lehre des Siddhartha Gautama – auch bekannt als Buddha –, der hingegen eines weitverbreiteten Missverständnisses keine Gottheit und auch keinen Lehrer irgendeiner göttlichen Lehre darstellt.

Buddha wird mit ›Erwachter‹ übersetzt und impliziert, dass Gautama nicht der Einzige seiner ›Zunft‹

war, wenngleich das Auftreten eines Buddhas wohl recht selten sein dürfte. Ein schlaues Kerlchen muss er allemal gewesen sein, zumal er laut Überlieferung immer davon abgeraten haben soll, seine Erkenntnisse und Lehren, als verbindlich und als die einzige Wahrheit zu betrachten. Stattdessen rief er wohl dazu auf, jene Erkenntnisse kritisch zu beäugen, weiterzuentwickeln und eigene Erfahrungen zu machen.

Ob nun Gebet oder Meditation während des Tätowierens: Bei diesen Wegen geht es schlussendlich darum, kurz und oftmals unbemerkt innezuhalten und sich zu sammeln, zu fokussieren, auf das Wesentliche zu besinnen ... Was immer das für einen selbst sein mag.

Ich befinde mich also wohl tatsächlich auf dem richtigen Weg. Auf MEINEM Weg!

Tag 45

||||| ||||| ||||| ||||| ||||| ||||| ||||| ||||| |||

Erwähnte ich, dass ich auf meiner Belastungserprobung ausgesprochen gelassen war? Rhetorische
Frage. Natürlich habe ich das. Heute jedoch kann ich
damit prahlen, dass diese Gelassenheit ›echt‹
gewesen sein muss. Ich verspüre keinerlei Verspan-
nungen in meiner Rückenmuskulatur. Damit ist das
somatische Hauptsymptom meiner Anspannung bei
dieser Belastungserprobung gänzlich entfallen. Ich
bin richtig erleichtert, messbare Fortschritte zu
machen.

Diese brachten es jedoch mit sich, dass der heutige
Therapietag für mich umso nervtötender war. Das
immer gleiche Programm, die übliche Leier in den
Gruppentherapien. So sehr mir diese Dinge in den
vergangenen Wochen geholfen haben mögen, mir
neue Perspektiven zu eröffnen und mich auf andere
Gedanken zu bringen, so überflüssig fühlen sie sich
heute an.

Ich kann's einfach nicht mehr hören! Therapeutische Sprüche, wie ›das innere Kind umarmen und
willkommen heißen‹, ›das Leben bejahen‹, ›Gefühle
betrachten, ohne sie zu werten‹. All das geht mir

jetzt mindestens genauso auf den Keks, wie ich es belächelte, als ich hier ankam. Inzwischen amüsiere ich mich liebevoll auch über jene neuen Mitgefangenen, die wie ich in der ersten Woche sagen, dass sie nicht wüssten, was sie in dieser Klinik überhaupt sollten. So krank seien sie doch gar nicht!

Mir wird klar, dass nahezu alle Patienten die immer gleichen Phasen durchlaufen, so wie ich es auch tat. Vielleicht bin ich momentan einfach in einer euphorischen und motivierten Phase, die ebenfalls vorbeigehen könnte. Und hier liegt wohl der Grund, warum ich heute zugestimmt habe, meinen Aufenthalt bis zum Monatsende in drei Wochen zu verlängern. Ich möchte mich und meine Stabilität noch ein wenig auf die Probe stellen, um mir wirklich sicher zu gehen, fit nach Hause zu kommen.

Wenn ich ›fit‹ sage, meine ich eine gewisse Grundstabilität. Wenn es überhaupt eine Heilung von der Depressionserkrankung gibt, wird man diese sicherlich nicht innerhalb von neun Wochen Klinikaufenthalt erfahren. Das ist eine Sache von Jahren. Aber man kann lernen, wieder bei sich selbst anzukommen und in Eigenregie mit den Ursachen der Depression zu arbeiten, meist auch mit ambulanter therapeutischer Unterstützung. Aber eben nicht in der Klinik, sondern im normalen Leben! Und dieses Therapieziel glaube ich erreicht zu haben. Ich bin mir nahezu sicher. Somit habe ich nun noch drei

Wochen Zeit, Meditation und Ich-Begriff zu trainieren.

Ich versuche, an Stelle der therapeutischen Sprüche also vermehrt die komischen Konversationen wahrzunehmen, die es hier in der Klinik haufenweise gibt. Es sind diese kleinen Dialoge oder Situationen, wie: »Das ist ja Wahnsinn«, erwidert von »Ja, so hat sich's auch angefühlt«, oder auch die immer wichtiger werdende Unterhaltungssendung beim Essen.

Heute musste ich den Blick lediglich im Klinikrestaurant schweifen lassen, um mich wieder bestens unterhalten zu fühlen. Vorbei am Oma-Tisch, an dem die ›eklige Panade‹ vom Schnitzel gekratzt und sich über eine fehlende Blaubeere auf der Nachspeise beklagt wurde, während man sich über Gallenblasen unterhielt, die so klein seien, dass man quasi gar keine Gallenblase habe. Die Blaubeere habe ich wohlwollend meiner Nachspeise entnommen mit leichter Aggression, nein natürlich war es wohlwollendes Mitgefühl, gen Oma herübergeworfen ... Schließlich bin ich ja krank und darf sowas! Leider ist die Beere aber unter dem Oma-Tisch gelandet und wurde daher nicht von der Zielperson wahrgenommen.

Mein Blick schweifte also weiter, hin zu Hagrid, der sich derweil damit befasst, in die Welt des Cocktail-Mixens einzutauchen. Ich hatte ihn schon mehrfach dabei beobachtet, wie er in der Teeküche auf dem Klinikflur Teebeutel für etwa zwei Sekunden in Apfelsaft tauchte, um dann den auf diese Weise verfeinerten Saft ›auf ex‹ zu trinken. Was aber heute geschah, setzt allem die Krone auf und wird sicherlich zu einem Renner in der Szene:

Rezept für ›Psycho-Deluxe‹

Zutaten:
Apfelsaft
Tomatensaft
Teebeutel Früchtetee
Wasser
Salz
Pfeffer

Zubereitung:
Füllen Sie den Apfelsaft in ein Glas, sodass es zu einem Viertel gefüllt ist. Geben Sie den Teebeutel hinzu. Geben Sie auch Faden und Etikett des Teebeutels hinzu, um alle Nuancen dieser Zutat in das Gesamtwerk einfließen zu lassen. Nun kippen Sie den Tomatensaft vorsichtig und zärtlich auf den schwimmenden Teebeutel, bis das Glas zur Hälfte gefüllt ist und ergänzen Salz und Pfeffer, je nach Geschmack. Verdünnen Sie die entstandene Mischung mit etwas Wasser. Trinken Sie einen Schluck. Gießen Sie noch einmal Wasser ein, bis das

Glas voll ist und ergänzen Sie einen weiteren Hauch von Salz und Pfeffer. Fertig!

Man höre und staune: Er hat es getrunken. Auf ex! Unglaublich.

Während mein Blick also weiter durch den Raum glitt, trug sich an meinem Tisch jedoch ebenfalls eine solche Geschichte zu. So hatte der Koch sich einen kleinen Spaß erlaubt, indem er in eine feste Pastete aus Fisch Gemüsestücke derart geschickt eingearbeitet hatte, dass in jeder der aufgeschnittenen Pastetenscheiben ein lächelndes Gesicht aus Gemüse zu erkennen war. Nettes Spielchen. Jedenfalls so lang, wie man keine Tischnachbarin hat, die Vegetarierin ist. Nein, der Fisch war nicht das Problem, den hätte sie – warum auch immer – noch gegessen. Das Problem lag tatsächlich im Gesicht!

»Ich kann nichts essen, was ein Gesicht hat!«, sagte sie mit erschrockenem Blick. Ich antwortete, mir ein Lachen verkneifend:

»Ähm, das ist ein Gesicht aus Gemüse.«

Darauf sie: »Aber es ist ein Gesicht! Das kann ich nicht zerschneiden.«

Ich, mit einer gewissen gehässigen Freude: »Es ist ein Gesicht aus Gemüse.«

Sie: »Es ist ein Gesicht. Fisch hätte ich gegessen. Der hat kein Gesicht. Der hat nur Augen und so nen ... einen ...« Sie riss die Augen auf und spitzte die Lippen, um auszusehen, wie ein Fisch: »Muuund!«

Ich: »Wie bitte? Augen und einen Mund? Lass mich dir eine philosophisch, evolutionsbiologisch bezogene Frage stellen ... Augen und Mund – ist das kein Gesicht im Sinne der Schöpfung? Gibt es bessere und schlechtere Lebewesen? Hühner haben Augen und einen Schnabel. Die isst du nicht. Fische hingegen schon. Hier passt etwas nicht zusammen. Nun kommt ein Gemüsegesicht um die Ecke und du kannst es nicht essen. Ich betone: Es gibt kein Gemüsetier, das wissenschaftlich dokumentiert wäre. Wo also ist denn hier die Logik? Diskriminierst Du etwa Gemüsegesichter auf Kosten von unschuldigen Fischen?«

Stille. Ich wartete, innerlich gemein grinsend ab. Stille. Zehn Sekunden später ... Die nächste Runde!

Sie, kurz vor dem therapeutischen Rückfall: »Ich kann das nicht zerschneiden, es lächelt!«

Ich: »Vielleicht ist es ein falsches Lächeln voller Heimtücke.«

Sie: »Ich kann das nicht zerschneiden!«

Ich: »Soll ich es für Dich tun? Ich mache es auch schnell, sodass es nicht leiden muss.«

In diesem Moment kam glücklicherweise die Servicekraft eilig um die Ecke, die meine nicht ganz unprovokanten Denkanstöße aus der Ferne beobachtet hatte, um uns von dieser geradezu grausamen und kannibalischen Vorspeise zu befreien. Was soll ich sagen? Ich mag meine Tischnachbarin wirklich gern und sollte vielleicht nicht solche Spielchen treiben ... aber es hat solchen Spaß gemacht!

So langsam frage ich mich dennoch, ob ich vielleicht zu gesund für dieses Umfeld bin und suche geradezu nach Ereignissen, die mir den Alltag wieder etwas abwechslungsreicher gestalten. Naja und lächeln konnte sie anschließend gleichfalls darüber. Alles nicht so schlimm zum Glück.

Huch, es ist ja schon wieder Freitag! Zeit, die Sachen zu packen! Morgenfrüh fahre ich heim zur nächsten Belastungserprobung.

Bin gespannt, wie es läuft ...

Tag 48

‖‖‖ ‖‖‖ ‖‖‖ ‖‖‖ ‖‖‖ ‖‖‖ ‖‖‖ ‖‖‖ ‖‖‖ |||

Da kommst du aus dem Belastungswochenende zurück und was musst du als erstes ertragen? Neue Omas am Nachbartisch des Klinik-Restaurants! Noch dazu eine Rollator-Schieberin, bei der ich mich fragen muss, warum sie dieses Ding durch die Gegend befördert, denn sie rennt in Turnschuhen durch die Klinik, als wollte sie an den Paralympics teilnehmen! Da sollte sie den Rollator lieber der anderen, mit ihr angekommen Oma geben. Diese hat nämlich keine Gehhilfe und sieht beim Laufen aus, wie Robocop kurz nach dem ersten Einschalten. Sie läuft tatsächlich wie ein Roboter und ohne auch nur eine Gesichtsregung. Es fehlt höchstens der, sich stets wiederholende Spruch:

»S-i-e ... s-i-n-d ... v-e-r-h-a-f-t-e-t ... l-e-i-s-t-e-n ... S-i-e ... k-e-i-n-e-n ... W-i-d-e-r-s-t-a-n-d!«

Künstliche Hüfte? Schlaganfall? Vom Alkohol zerfressenes Kleinhirn? Keine Ahnung, jedenfalls ist dem Botox-behandelten Gesicht weder ein positiver noch ein negativer Blick abzugewinnen. Naja, immerhin tun diese Omas beide, ihren Job. Sie reihen sich nahtlos in das Gesülze von schlechtem

229

Essen, schlechter Klinik und erfundenen Krankheiten am Nachbartisch ein. Und zusätzlich ist die Lautstärke dieses Gefasels dramatisch angestiegen, sodass ich mit den Mädels an meinem Tisch inzwischen provokant und in ähnlicher Lautstärke über die selige Ruhe beim Essen philosophiere. Allerdings merkt das keine der Omas, denn wir befinden uns ja allesamt in der Klapse. Shit happens! Leben und leben lassen.

Mein Wochenende ist, so viel lässt sich sagen, wieder einmal sehr gut verlaufen. Trotz unangenehmer Situationen, in denen ich in alte Muster verfiel, unterschied sich diese Belastungserprobung darin von den vorangegangenen, dass ich das Geschehen noch aktiver wahrnahm. Diesmal war ich sogar in der Lage, mich durch kleine Meditationsübungen, die von den Gesprächspartnern nicht zu bemerken waren, direkt wieder selbst einzufangen, die Situation für mich zu entschärfen und zurück in die innere Gelassenheit zu finden. Das ist wirklich ein großer Fortschritt und es macht mir Mut, bald wieder gänzlich in den Alltag zurückkehren zu können.

Ich habe zusätzlich bemerkt, dass ich deutlich emotionaler bin, als vor dem Aufenthalt in der Klinik. Das sind Dinge, die sich in mir abspielen, von denen meine Umwelt kaum etwas mitbekommt. Aber sie sind da. Und sie sind ungewohnt! Aber vermutlich ist es normal. Ich scheine auf ein ›normales‹ emotionales Level gekommen zu sein, mit dem ich erst einmal umzugehen lernen muss.

Jegliche Art von ungeordneter Lautstärke, von Lärm, stresst mich. Hier muss ich aktiv in Meditationsübungen gehen, um die in mir aufsteigende Unruhe und Panik einzufangen. Ich schreibe dies allerdings der Tatsache zu, dass ich mich, inzwischen seit sieben Wochen, in der sehr stillen Umgebung der Klinik aufhalte. Ich denke, ich muss mich erneut an ein lauteres Leben mit deutlich mehr Sinneseindrücken gewöhnen.

Eine ganz wesentliche Erkenntnis des Wochenendes ist jedoch, dass ich mir keine Gedanken darum machen muss, wann es Zeit für mich ist die Klinik zu verlassen. Ich entscheide, nicht die Therapeuten! Das ist keinesfalls als Trotzreaktion zu verstehen. Dahinter steht eher die Erkenntnis, dass es genau dann Zeit ist, zu gehen, wenn eben jene Motivation in mir aufsteigt, zurück in mein eigenes Leben zu finden. Und dieser Moment scheint näher zu kommen.

Genau dieser Zeitpunkt ist das eigentliche Therapieziel, das weiß ich jetzt! Die Meinung der Therapeuten ist mir nach wie vor wichtig, schließlich haben sie eine Menge Erfahrung und können meine Entwicklung gut einschätzen. Am besten werde jedoch ich selbst wissen, wann es Zeit ist zu gehen. Diese Erkenntnis macht es mir leichter, die vor mir

liegenden zweieinhalb Wochen als Stabilisierungs-
zeit anzusehen und sie zu genießen.

Tag 49

‖‖‖ ‖‖‖ ‖‖‖ ‖‖‖ ‖‖‖ ‖‖‖ ‖‖‖ ‖‖‖ ‖‖‖ ‖‖‖ ‖‖‖ ‖‖‖ ‖‖‖ ‖‖‖ ‖‖‖ ‖‖‖ ‖‖‖

Ich fühle mich kräftig, stark und stabil. Nicht etwa stark im Sinne von Aggressivität, sondern im Sinne von Gelassenheit und Glück. Das liegt sicherlich auch daran, dass ich gestern und heute viel Zeit in der Meditation verbracht habe und sich dieses Gefühl in mir ausbreiten konnte, um mir einen ruhigen Klinikalltag zu ermöglichen.

Körperlich bin ich wieder müde und geschafft von den vielen Eindrücken des Wochenendes daheim. Aber wie bereits erwähnt, wird es hier die Gewohnheit richten, wie ich denke. Je mehr ich in einen Alltag zurückfinde, umso mehr wird sich auch hier ein Trainingseffekt einstellen.

Was mir auffällt, ist, dass sich mit zunehmender Meditationspraxis ein erstaunliches Gefühl der Ruhe, Akzeptanz und Empathie gegenüber anderen Menschen einstellt, die mich dazu treiben Dinge zu tun, die ich zumindest an mir selbst bemerkenswert finde. So war es mir heute ein Anliegen, eine Schachtel Zigaretten zu besorgen und sie unbeobachtet in das Postfach Hagrids zu legen. Ich hatte ihn in der letzten Woche mehrfach beobachtet, wie er andere Patienten im Rahmen seiner Möglichkeiten freundlich um Zigaretten bat oder auch alte Zigarettenstummel aus dem Klinikaschenbecher der Raucherecke sammelte, um hier noch den einen oder anderen Nikotin-Zug nehmen zu können. Das hat weniger das Gefühl von Mitleid in mir erweckt, sondern eher die Erkenntnis, dass er momentan einfach nicht in der Lage ist, die einfachsten Dinge zu organisieren.

Zusätzlich scheint seine Verwirrung aus irgendwelchen Gründen in den letzten Tagen wieder heftiger zu werden. Seine Haare stehen noch wirrer zu Berge als sonst, sein Blick wirkt ruheloser, er wechselt beim Laufen durch die Klinik deutlich häufiger, scheinbar getrieben von spontanen Gedanken die Richtung, um danach direkt umzukehren, läuft teilweise im Kreis. Auf kurze Nachfragen nach seinem Befinden antwortet er gar nicht, oder nur mit:

»Irgendwas krumm drinnen ... Passiert was ... Weiß nicht.« Hier liegt der Grund, warum ich ihm ein wenig Unterstützung, wenigstens in dieser kleinen Situation, zukommen lassen möchte.

Nun bin ich nicht in den Himmel der Erleuchteten aufgestiegen oder sowas. Nein, ich konnte sogar hämisch lachen, während ich diese Zigaretten in sein Postfach legte. Als Hinweis auf die gesundheitsgefährdenden Eigenschaften von Zigaretten, prangte auf dieser Packung nämlich der Spruch: ›RAUCHEN VERURSACHT IMPOTENZ!‹ In Gedanken bei jener Szene im Klinikflur, in der Hagrid mich nach der aktuellen Funktionstüchtigkeit meiner primären Geschlechtsorgane befragte, konnte und wollte ich mir diesen Ausbruch nicht verdenken.

»Wie passend!«, dachte ich nur.

Dennoch verändert diese neue Ruhe in mir etwas. So kam heute eine neue Patientin auf mich zu, während ich in der Kaffee-Ecke saß und las. Sie weinte. Ich schaute auf. Sie setzte sich zu mir und begann zu reden. Ich schaute sie dabei lediglich mit einem wohlwollenden, nicht abfälligen oder besserwisserischen Lächeln an. Sie redete, ich hörte zu und lächelte. Sie klagte mir ihr Leid, erzählte viele Dinge, die ich ebenfalls erzählte, als ich in dieser Klinik ankam. Sie wisse nicht, was sie hier soll, sei doch normal. Das wäre vielleicht nicht der richtige Platz. Sie habe doch lediglich diese Schmerzen im Rücken und brauche nur eine Schmerztherapie und so weiter und so weiter ... Ich lächelte. Zwanzig Minuten lang redete sie und ihr Weinen wurde langsam weniger. Ohne dass ich nur ein Wort gesagt hätte, dankte sie mir dafür, dass ich ihr zugehört und geholfen hatte. Dabei waren die letzten zwanzig Minuten ein reiner Monolog gewesen. Ich war nur schmückendes Beiwerk.

War es Zufall oder nicht: Dieses Erlebnis zeigt mir, dass sich etwas an meiner Unruhe geändert hat. Niemals hätte ich vor einigen Wochen aufmerksam zuhören und gleichzeitig den Mund halten können! Diesmal hatte ich nicht einmal den Drang, meinen ›Senf‹ hinzuzugeben, obwohl mir klar war, dass ich bei meiner Ankunft exakt die gleichen Tiraden von mir gegeben hatte.

In diesem Moment wusste ich aber, dass auch ihr nur die eigene Erfahrung und keine neunmalklugen Sprüche von anderen Patienten helfen konnten. Und diese braucht eben Zeit. Darüber hinaus gab es mir ein wirklich erfüllendes Gefühl, einfach Ruhe und positive Gelassenheit zu vermitteln, ohne Worte nutzen zu müssen. Und zugleich hat es mich selbst überrascht, wie gut es funktionierte. Durch mein Schweigen hatte ich nicht einmal unhöflich gewirkt. Im Gegenteil! Die junge Frau hatte tatsächlich das Gefühl, dass ihr im Dialog geholfen worden war, obwohl ich gar nichts sagte. Stattdessen hatte sie mich zwischenzeitlich immer wieder angeschaut, sich dann selbst eine Frage gestellt, von der sie sich vorstellte, dass ich sie auf den Lippen haben müsse, um direkt darauf zu antworten. Wieder so ein unglaubliches Erlebnis.

Nicht minder unglaublich ist der Kreativ-Flash, der mich heute gepackt hat. Ich male Bilder. Man höre und staune! Ich male Bilder. Ganz freiwillig!

Warum, das weiß ich auch nicht genau. Ich zeichne nichts Greifbares, keine Gegenstände, keine Landschaften. Das würde mich eher frustrieren, da mir die rein technischen Fähigkeiten dazu fehlen. Stattdessen experimentiere ich mit Farben, mit Klecksen und Spachteln. Daraus entstehen Farbwolken und zufällige Formen, denen ich wiederum mit dem entsprechenden Schwung den letzten Schliff verleihen möchte. Die Ergebnisse gefallen mir und geben ein Gefühl der Befriedigung.

Was auch immer es ist: Vielleicht ist nun einfach mehr Platz in mir. Platz für Emotionen und Kreativität. Womöglich sind auch irgendwelche Sicherungen durchgebrannt und ich tanze bald auch noch meinen Namen im Klinikflur. Was auch immer nun die Wahrheit ist, ich nehme es zunächst einmal dankend an!

Tag 50

||||| ||||| ||||| ||||| ||||| ||||| ||||| ||||| ||||| |||||

Tag Fünfzig. Ein Mittwoch. Es ist kaum zu glauben. Fünfzig Tage bin ich nun hier. Irgendwie eine halbe Ewigkeit, auch wenn die Wochen andererseits vergangen sind, wie im Flug.

Heute scheine ich noch dazu alle emotionalen Zustände der letzten sieben Wochen noch einmal im Zeitraffer zu durchleben, nachdem ich in der gestrigen Einzeltherapiesitzung über die frühesten Erinnerungen und Emotionen aus meiner Kindheit berichten musste.

Wenn ich auch überhaupt keinen Anlass dazu sehe, so scheint mich doch irgendetwas innerlich unglaublich aufzuwühlen. Womöglich ist es aber auch einfach einer dieser Zustände, die man als Depressionspatient während des Genesungsprozesses durchläuft, so wie Neuankömmlinge eben auch immer gar nicht wissen, was sie überhaupt in solch einer Anstalt sollen. Aber es zeigt sich bei aller Überraschung, dass ich etwas gelernt habe in den zurückliegenden Wochen:

Die Emotionen sind vorhanden und ich bin in der Lage, das zu akzeptieren. Ich bin eigentlich ganz froh, sie wahrzunehmen, auch wenn die meisten weniger angenehm sind. Trotz dieser Betrachtung sehe ich noch keine Ursache, aber das treibt mich momentan nicht um. Ich brauche derzeit weder Ursachen, noch eine Prognose über den weiteren Verlauf meines emotionalen Zustands, denn ich fühle mich sicher mit dem, was da in mir vorgeht. Ich habe keine Angst davor. Auch nicht vor dem zuvor stets gefürchteten ›Kloß im Hals‹.

Erstmals bleibt auch das Gefühl aus, nach einem langen Aufenthalt in der Klinik keine Fortschritte gemacht zu haben, weil ja noch immer teils unangenehme Stimmungslagen auftauchen. Nein, es ist anders. Ich habe es verstanden. Ich habe verstanden, dass das eben auch zu meinen Leben gehört. Angst, Trauer oder Wut in sich zu tragen, heißt nicht gleichzeitig in einer schweren Depression zu stecken oder bei irgendwas versagt zu haben. Es heißt eher menschlich zu sein. Der große Unterschied liegt schlicht im Umgang mit mir selbst und dem, was da in mir vorgeht. Und diese Erkenntnis ist es wiederum, die einen Teil von mir gelassen und wohlwollend lächeln lässt.

Es fällt mir schwer, an einem solchen Tag zur Ruhe zu kommen oder zu meditieren. Dennoch nehme ich mir die Zeit. Während ich da sitze, schießt mir eine Unmenge an Gedanken durch den Kopf. Aber ich habe ja gelernt, diese nicht abstellen zu wollen. Es ist nicht möglich und nicht nötig den Geist abzuschalten, denn er tut nur seinen Job. Und das macht er wieder zuverlässig, lässt sich nicht beirren.

Stattdessen schaue ich mir also aufmerksam an, was da durch meinen Kopf geistert, wie ich mir einen Film ansehe. Zwischenzeitlich, immer wenn mich ein Gedanke fesselt und zu anderen Gedanken oder gar zu Bewertungen und Planungen führt, versuche ich, mir bewusst zu machen, dass ich jenem Gedanken gefolgt bin und ihn doch eigentlich nur betrachten wollte. Ohne mich über den Umstand zu ärgern lasse ich davon ab. Damit bin ich abermals bei mir und der nächste Gedanke kommt vorbei. Und so weiter, und so weiter.

Ich grinse. Das ist nicht der Zustand der positiven Leere, den ich manchmal erleben darf. Aber es ist dennoch ein Zustand, der mich zu mir selbst bringt und auch solche aufwühlenden Tage ein wenig entschärft, weil ich der Steuermann bleibe, auch wenn die See mal rau ist. Und was ich bei all dem bemerke, ist, dass die See seltener rau wird, je mehr Übung ich in der Meditation bekomme.

Tag 51

||||| ||||| ||||| ||||| ||||| ||||| ||||| ||||| ||||| ||||| |

Ich würde es hier nicht erwähnen, würde es nicht so häufig geschehen. In letzter Zeit kracht es ständig in den verglasten Gängen des Klinik-Erdgeschosses. Manchmal knallt es auch im Klinik-Restaurant. Es ist dieses eigenartige Geräusch, dicht gefolgt von einem hallenden Echo und in aller Regel begleitet von einem »Urrrrrgh!«. Es hat mit Glas zu tun. Und mit lächelnden Menschen. Jedenfalls ist es genau jenes Antlitz, das sich in Form von fettigen Abdrücken auf den Glasfronten just neben den Durchgangstüren findet, nachdem depressive Mitgefangene gedankendurchdrungen zu früh oder zu spät abgebogen sind und dabei die Durchgangstür verfehlt haben. So erzeugen sie diese Geräusche und Smileys an den Glasfronten, schneiden anschließend diese Grimassen und ertasten ihre Schneidezähne, sodass ich mich vor Lachen kringle.

Es mögen diese Pillen sein, die sie zum Schlafen bekommen. Jene, die einen Trip zu erzeugen scheinen, der mich fast neidisch macht, aber die den anschließenden Kater in Verbindung mit offensichtlichen Sehstörungen nicht auszulassen scheinen.

Vielleicht sollte ich welche von diesen schwarzen Vogelsilhouetten bestellen und sie auf die Scheiben kleben. Oder schwarze Menschensilhouetten ... Und weiße! Männliche und Weibliche, damit es politisch korrekt ist. Nicht dass sich hier noch jemand ernsthaft verletzt.

Und erneut gibt es ein kleines Meditationswunder zu vermelden. Ich habe Heuschnupfen! Dicke Augen, laufende Nase, Jucken im Gaumen und in den Ohren. Matte Abgeschlagenheit. Es ist schrecklich und ich bilde mir ein, dass es schlimmer wird, je unruhiger und gestresster ich bin. Da ich hier in der Klinik ja aber bekanntlich Zeit wie Heu – man beachte das neckische Wortspiel – habe, wollte ich jene Taktik der Meditation anwenden, die sich bereits während des Tätowierens als erfolgreich erwiesen hatte.

Ich setzte mich demonstrativ nach draußen, auf eine Bank vor der ›Wiese des Grauens‹. Hochgewachsene Gräser und Blüten, so weit das Auge reicht. Ich schloss die Augen, atmete tief ein. Ich spürte ganz deutlich dorthin, wo es juckte und kribbelte, betrachtete meine laufende Nase mit geistigem Auge. Das tat ich etwa zwanzig Minuten lang, während mir ›die Suppe‹ aus der Nase lief.

Anschließend putzte ich sie mir und war nahezu frei von jeglichem allergischen Symptom. Zauberei! Ich kann es mir selbst nicht erklären. Vielleicht war es reiner Zufall, weil sich beispielsweise der Wind gedreht hat. Der Effekt hielt auch nur etwa 1-2 Stunden an, aber diesen Zufall ernenne ich hiermit zu einem weiteren Motivator, jawohl! Meditation als Wundermittel gegen alles! Kommt nur her! Kommt mit glühenden Kohlen, Glasscherben und Plutonium! Ich laufe über alles! Der große Mettini! Naja ... vielleicht nicht ganz ... Kein Plutonium vielleicht ...

Morgen kommt Nadja zu Besuch. Das zweite Paargespräch, moderiert von meiner Einzeltherapeutin, steht an. Diesmal bin ich nicht nervös, freue mich darauf. Wir werden anschließend nett essen gehen und am Samstagmorgen zur nächsten ›Belastungserprobung‹ nach Hause fahren. Je mehr Routine in diese kommt, umso mehr freudige Gelassenheit habe ich im Gepäck. Ich bin zuversichtlich: Das wird ein schönes Wochenende werden!

Tag 52

▐▌▐▌▐▌▐▌▐▌▐▌▐▌▐▌▐▌▐▌▐▌ ||

Was für ein Paargespräch! Wenn ich daran denke, dass ich noch vor zwei Wochen, beim ersten Gespräch Angst hatte, dass Nadja und ich als Paar hineingehen und als zerstrittenes Häufchen Elend wieder herauskommen würden, muss ich heute mal sagen: Unsere einzigen Konflikte scheinen im Staubsaugen und Wäschewaschen zu liegen. Wenn das nicht mal ein therapeutisch wertvolles Ergebnis ist!

Was meine Ehe betrifft, so winden wir uns in der Tat nur um jene Alltagssorgen, wegen der sich alle anderen Paare wohl auch in irgendeiner Form in die Wolle bekommen. Unser Vorteil liegt allerdings darin, dass wir diesen Kleinkrieg noch mit Humor sehen können. Eine Baustelle weniger! Da macht es mir ein geradezu reines Gewissen, dass ich heute Morgen klammheimlich in Nadjas Hotel angerufen und ihr ein kleines Zimmerupgrade organisiert habe. Möge sie angenehm nächtigen!

Da war es doch eine wunderbare Erfahrung, das Abendessen beim Italiener zu genießen. Allerdings nicht allein. Nein, wir waren mit weiteren fünf Depressiven unterwegs, die es sich zur Aufgabe

244

machten, die Bedienung mit den Begriffen ›Klinik‹, ›Pillen‹, ›verrückt‹ und gespielten Ticks zu verwirren. Man muss sich das einmal vorstellen!

»Guten Tag! Wissen sie schon, was sie trinken möchten?«

»Guten Tag! Rrrrrrrrrrrrrrrrrrghh… tsiha… tsiha. Eine Cola bitte. Tsssssiiihaaa!«

Darauf ein weiterer Mitgefangener bierernst:

»Bitte entschuldigen Sie. Er kann nichts dafür. Der Mann ist krank. Er ist verrückt. Wir kommen gerade aus der Klinik.«

Und wieder der erste Mitgefangene:

»Cola. Tsssssiiihaaaaa!«

Während ich mir das Schmunzeln verkniff, und versuchte, ebenso betroffen dreinzuschauen, lief Nadja rot an und die Gäste am Nachbartisch wurden sichtlich unruhig. Schweißperlen quollen der Stirn der Bedienung empor.

»Tsssiiihaaa!«, machte es da wieder, während alle anderen ihre Bestellung abgaben. Welch illustre Runde von der man beim Italiener sicherlich noch lange reden wird!

Tag 55

‖‖ ‖‖ ‖‖ ‖‖ ‖‖ ‖‖ ‖‖ ‖‖ ‖‖ ‖‖ ‖‖

Ein weiteres Therapieziel ist erreicht, jawohl! Ich habe es getan. Eiskalt, mit einem Blick wie Clint Eastwood, bin ich am vergangenen Wochenende in den Baumarkt gefahren. Mein Ziel im Heimaturlaub: Der Einkauf von 1,90m Drahtseil, um das Sonnensegel über unserer Terrasse zu reparieren, das eine Windbö ebenso schnell, wie unbarmherzig zerstört hatte. Aber dem nicht genug! Ich ging in den Baumarkt und ja, ich kam mit 1,90m Drahtseil und stolzgeschwellter Brust wieder heraus. Was ich aber auch dabei hatte, war ... Es war ... ein RASEN-MÄHER! Nochmal: Ein RASENMÄHER!!! Der Ferrari des kleinen Mannes, Potenzsymbol des Hobbygärtners! Ein Rasenmäher! Qualitätsprodukt made in Germany, Viertakter mit Tiger im Tank, gefüttert mit feinstem Super-Benzin!

Wie habe ich geflucht in den letzten Jahren, wenn ich mit ökologisch reinem Gewissen das Kabel hinter dem Elektromäher herzog, an einem Spielgerät hängen blieb, den Stecker aus Versehen und gefolgt von purer Wut aus der Dose zog oder diese unselige Nabelschnur der Energieversorgung

246

schlicht mit dem Mäher überfuhr, um sie danach mühevoll zusammenzuflicken. Ein Trauma! Ein Trauma, das das Rasenmähen zum Fluch machte. Aber das habe ich an diesem Wochenende endgültig besiegt! Ich scheiß auf Öko ... Ich hab jetzt 2,86 PS, jawohl! Und wer jetzt mit süffisantem Lächeln über diesen Zeilen sitzt und denkt:

»Warte mal ab, wenn das Ding nach dem Winter nicht anspringt ...«

Demjenigen sei gesagt: Meine Kettensäge bekomme ich auch immer zum Laufen und der Rasenmäher hat eine ›Maximal-nach-zwei-Versuchen-Anspring‹-Garantie! Jawohl ja!

Nun hatte ich also einen Rasenmäher. Gut, gut. Aber die nächste kosmische Prüfung wartete sogleich auf mich. Während ich also wie Clint Eastwood mit schweren Schritten aus dem Baumarkt trat und den Rasenmäher der Erlösung vor mir herschob, öffnete der Himmel seine Pforten und es goss wie aus Eimern. Mein Rasen-Ferrari und ich wurden nass. Bis auf die Zündkerze! Also er ... Und ich auch irgendwie. Die Rasenmähexperten unter uns wissen nun genau: Bei Regen ist nix mit Rasenmähen. Game over!

Natürlich verstand ich diesen Umstand sogleich als kleine therapeutische Prüfung des Universums und dachte:

»Gut, mähe ich halt in der nächsten Woche.«

Und nicht nur dass ich das dachte, nein, ich fühlte es auch. Ich ärgerte mich kein bisschen und das zeigte mir, dass ich etwas dazugelernt habe. Ich bin gelassener, wesentlich weniger verbissen. Mr. Stress lässt ab jetzt auch mal Fünfe gerade sein! So!

Es war warm an diesem Tag und der Nachmittag hielt Sonne bereit. Der Rasen trocknete und ich mähte. Alles gut. Sonnensegel repariert. Noch immer alles gut. Das Wochenende – ein voller Erfolg. Alles gut.

Lediglich ein Aha-Effekt hat sich eingestellt: Ich weiß nun, was mich nach wie vor unruhig werden lässt und dafür darf ich meinen Töchtern danken.

Während ich das komplette Wochenende hindurch in mir ruhte, gab es den einen Moment, der mich komplett aus dem Konzept brachte. Es war der Zeitpunkt, in dem Marie und Amelie wild und laut spielten. Es sind also nicht nur laute Geräusche. Laute Musik ist harmlos! Es war vielmehr diese undurchdringliche und chaotische Geräuschkulisse, wie sie in einer Kantine oder einer wilden Schulklasse herrscht, die mich irgendwie nervös macht. Warum auch immer ... Aber hey: Ich weiß es jetzt und kann mich damit befassen! Oder es einfach beiseitemeditieren. Irgendwie sowas.

Darüber hinaus war das Wochenende so unspektakulär wie entspannend. Ich habe mittlerweile das Gefühl, wirklich nach Hause kommen und wieder in den Alltag gehen zu können.

Deutlich spektakulärer war dagegen die Rückkehr in die Klinik, denn die Nachricht des Tages drang sogleich an mein Ohr:

Hagrid war ›gegangen worden‹, wie man es im Klinik-Jargon nennt, wenn einem Patienten jegliche Therapie-Motivation fehlt und man sich darauf einigt, die Zusammenarbeit zu beenden. Die Gerüchteküche sagt, dass er zum wiederholten Male und frei von jedem Unrechtsbewusstsein die Klinik auf ein ›Schlückchen‹ verlassen hatte. Diesmal hatte er laut eigener Aussage sogar am hiesigen Fluss genächtigt, um am Morgen ausgenüchtert in der Klinik aufzutauchen, was der Urinuntersuchung natürlich nicht standhielt. Das erklärt den in den letzten Tagen immer schlechter werdenden Gesamteindruck Hagrids. Offenbar hatte er aktiv jene Rezeptoren im Hirn durch Alkoholmoleküle blockiert, an die eigentlich die Wirkstoffe der Medikamente hätten andocken sollen. Jedenfalls werden die Patienten immer wieder über genau diesen Effekt aufgeklärt, weshalb auch für Nicht-Suchtpatienten jeglicher Konsum von Alkohol strikt verboten ist. Lange Rede kurzer Sinn: Nu isser weg! Schade irgendwie. Armer Teufel...

Wie aber auch ich bemerken durfte, trifft diese spontane Urinuntersuchung nicht nur ›Süchtlinge‹. Auch ich wurde am Sonntagabend, pünktlich nach meiner Rückkehr darüber informiert, dass ich am heutigen Montagmorgen um halb sieben zur Blut- und Urinabgabe ›eingeladen‹ bin. Es ist keine Einladung, die man ausschlagen sollte, sofern man in der Klinik verweilen möchte.

06:30 Uhr! Welch´ unchristliche Zeit! Haben die noch alle beisammen? Nicht dass ich ein Problem mit der Abgabe von Blut und Urin hätte, schließlich habe ich mich an alle Regeln gehalten und nichts zu verbergen, aber muss es wirklich um diese Uhrzeit sein, wo ich doch, nach dem Wochenende ohnehin, immer mit der Müdigkeit zu kämpfen habe? Das verstößt doch gegen die Genfer Konvention! Insbesondere in meinem Fall, da ich keine Medikamente nehme. Somit würde ich mit dem Alkoholkonsum nicht einmal irgendeine Medikation torpedieren. Und süchtig bin ich nachweislich auch nicht, sodass auch hier ein Konsum keinen Einfluss auf meine Therapie hätte. Und dafür musste ich nun so früh aufstehen?

Hätte, wäre, wenn und aber. So sind nun mal die Regeln des Spiels, auf das ich mich eingelassen habe. Somit nehme ich die Dinge einfach hin, wie sie sind. Sieben Uhr hätte es jedoch auch getan!

Tag 56

IIII IIII IIII IIII IIII IIII IIII IIII IIII IIII IIII I

Therapietag sechsundfünfzig. Dienstag. Was soll ich sagen? Ich schaue mir mal wieder gelangweilt den Klinikbetrieb an. Die Gruppe zerfleischt sich gegenseitig. Ego gegen Ego, Krankheit gegen Krankheit, Fraktion gegen Fraktion. Ich sitze mittendrin, belasten tut es mich jedoch nicht. Innere Kinder werden umarmt. Ich beurteile es nicht. Gefühle werden in Empfang genommen. Ich nehme es wohlwollend zur Kenntnis. Das Leben wird bejaht. Ich kann's nicht mehr hören! Stets die gleiche Leier. Wird Zeit, dass ich hier rauskomme ...

Es ist alles wie immer. Was irgendwie nicht ins Bild passt, ist, dass ich seltsamerweise unglaubliche Schmerzen in den Armen habe. Meine Muskulatur ist von den Schultern abwärts unglaublich verspannt. Immerhin hat es diesmal den Kiefer und den Rücken verschont. Dennoch bin ich nicht in Gedanken, grüble nicht. Im Gegenteil bin ich eigentlich mental recht entspannt, wenn man mal von den Gedanken an das Leben nach der Klinik absieht. Aber selbst diese ängstigen mich nicht. Trotzdem macht mein Körper diese Dinge mit mir. Nach wie vor. Vielleicht ist es tatsächlich konditioniert und es ist etwas dran an diesem ›Gedächtnis der Zellen‹.

Ich nehme es einfach hin und versuche, es ähnlich zu sehen wie die Müdigkeit, die ich nach jedem Wochenende daheim mit mir herumtrage. Wenn mir wohl eines hilft, diese Schmerzen mittelfristig abzustellen, dann ist es eine gelassene Betrachtung, ohne sie mit Groll zu fokussieren. Das würde es nur noch schlimmer machen. Und schließlich hat die Erfahrung der letzten Wochen gezeigt, dass sich die Schmerzen zur Wochenmitte hin automatisch auflösen. Noch ein Grund mehr, es hinnehmen zu können, wie es nun einmal gerade ist. Ich vertraue darauf, dass diese Phase vergeht.

Eine Weisheit habe ich jedoch zu Protokoll zu geben: Das Wort ›pissen‹ aus Oma's Mund tut Wahrheit kund!

Kein Witz! Da sitzen doch diese Botox-Ladies am Mittagstisch und reden über die Abgabe von Urinproben. Das sei unappetitlich oder nicht. Spätestens die Wortwahl ist in diesem Teil der Gesellschaft doch etwas befremdlich:

»Die haben mich schon wieder pissen lassen!«, beschwerte sich eine der Damen bei den anderen, die nicht weniger rustikal in die Unterhaltung einstimmten. Ich frage mich: Machen das die Medikamente, oder ist hier eine neue Art von Senioren-Gangster-Rap in der Entstehungsphase?

Vielleicht werde ich es nie erfahren, denn seit heute ist es offiziell: In zehn Tagen werde ich die Klinik verlassen und wieder zu Hause wohnen. Darüber freue ich mich. Ich freue mich darauf, meinen Alltag erneut selbst zu gestalten. Und irgendwie habe ich auch gewaltigen Respekt davor. Wie lange werde ich meine neue Gelassenheit beibehalten können? Wie lange werde ich im Alltag weitermeditieren? Ich weiß es nicht und es macht mir Angst, irgendwie dann aber auch wieder nicht, denn ich will es. Ich will zurück ins Leben!

Und selbst wenn dieser Schritt schiefgeht: Was soll's? Dann komme ich halt zurück und trainiere noch etwas! Aber das wird nicht passieren, wie ich vermute. Vielmehr werde ich merken, wenn die Stimmung kippt und spätestens dann werde ich die Werkzeuge einsetzen, die ich hier erlernt habe. Ich traue mir selbst wieder über den Weg und spätestens das ist das Zeichen für mich, diesen eigenen Weg nun weiter zu gehen.

Tag 57

卌 卌 卌 卌 卌 卌 卌 卌 卌 卌 卌 卌 \\

Der heutige Tag ist eigentlich ein unspektakulärer Tag gewesen. Wenige Therapietermine, schönes Wetter, viel Zeit für mich selbst. Nach dem Therapiemarathon der letzten Wochen sind es diese Tage, die ich besonders mag. Ich bin gern allein mit mir selbst. Eigentlich etwas, was früher so gut wie undenkbar zu sein schien.

Ich merke allerdings ebenfalls, dass ich momentan wenig im ›Hier und Jetzt‹ verweile, sondern recht viel über die verschiedensten Themen nachgrübele. Nun kann ich ja nicht stets und ständig in den Schneidersitz rutschen, um zu meditieren. Insbesondere dann nicht, wenn es darum geht zu duschen oder die Zähne zu putzen. Allerdings sind es genau diese Momente, die mein Hirn wie von Geisterhand dazu verwendet, in den Grübelmodus zu schalten. Das war eine der Ursachen für meinen Zustand, der mich in die Klinik geführt hat. Dieses ›Nicht-Abschalten-Können‹.

Was ich mir ausgedacht habe, um dem entgegenzuwirken ist so simpel wie effektiv: Während ich in der Dusche stehe, versuche ich mich darauf zu konzentrieren, wo und wie ich Schaum und Wasser-strahl in diesem Moment spüre. Während ich die Zähne putze, mache ich mir klar, dass ich gerade die Zähne putze, visualisiere mir vor dem inneren Auge vielleicht sogar, wie der eine oder andere Zahn von der Bürste eingeschäumt wird.

Das mag völlig albern klingen, holt mich im Alltag jedoch sehr effektiv aus jenen Grübel-Schlei-fen, die meinen Kopf nicht ruhen lassen. Meine Hoffnung ist, dass sich hier mit der Zeit eine Art Trainingseffekt einstellt und mein Hirn mittelfristig wieder lernt, nicht automatisch das Grübeln und Planen zu beginnen, sondern im Moment zu verweilen.

An diesem unspektakulären Tag gab es jedoch auch eine Sache, die mich berührt: In der heutigen Klecksgruppe ging es darum, jedem der anderen Teilnehmer eine Farbe zuzuordnen. Angereichert mit der anschließenden Erklärung, warum man dem jeweils anderen eben diese Farbe zugeordnet hat.

»Oh scheiße«, dachte ich noch. Ich war darauf eingestellt, von neun Teilnehmern mit den Farben Schwarz und Rot überschüttet zu werden. Diese standen für mich für irgendwas zwischen ›Stinkstie-fel‹ und ›Trotz‹. Schließlich war ich in den letzten Wochen nicht müde geworden, meinen Mitgefan-genen darzulegen, was ich von diesen nervtötenden Gruppensitzungen mit ihren ach so nervtötenden

Themen und dem Pseudo-Gruppenzusammenhalt halte.

Spätestens heute, so die Annahme, würde ich nun die Quittung dafür bekommen. Geschehen ist allerdings das Gegenteil. Ich wurde mit den buntesten Farben belegt. Eine Teilnehmerin schenkte mir gar die Farbe ›bunt‹. Ja, es gab auch schwarz und rot. Die Erklärungen waren jedoch ebenso erstaunlich: Hier hörte ich Begriffe, wie ›selbstreflektiert‹, ›stark‹, ›in sich ruhend‹ und ›energiereich‹. Das war exakt das, was ich NICHT erwartet hatte und ich bemerkte Schwierigkeiten, dem Gesagten Glauben zu schenken.

Betrachtete ich jedoch die Beschreibungen und Farben, die andere Teilnehmer erhalten hatten, so waren auch diese realitätsgetreu und keinesfalls geschmeichelt. Ich hatte hier im Fremdbild völlig entgegen dem abgeschnitten, was ich erwartete. Von mir selbst hatte ich gar nicht so ein schlechtes Bild. Ich gab mir ein Orange, was für mich für Aktivität, positive Dynamik und Empathie steht, hatte jedoch erwartet, dass mich andere negativ beurteilen würden.

Ich kenne Experimente zu Eigenbild und Fremdbild aus dem Business-Umfeld und die Ergebnisse waren für mich bisher immer vorhersehbar gewesen. Dass ich mich selbst hier in der Klinik aber derart falsch in der Außenwirkung einschätze, hatte ich absolut nicht erwartet.

Diese verwirrende Erkenntnis und der Beginn von erneuten Selbstzweifeln, wurde zum Glück dadurch zerschlagen, dass mir eine neue, offenbar noch etwas desorientierte Patientin, anvertraute, dass sie an für sie belastenden Terminen stets eine getigerte Unterhose trage, um sich dann mächtiger und stärker zu fühlen. Wie bitte? Eine getigerte Unterhose? Um die Feinde einzuschüchtern? Welch großes Kopfkino! Nun ja, so lang sie nicht riecht wie ein Tigerkäfig ... Jeder so, wie er mag!

Tag 58

НН НН НН НН НН НН НН НН НН НН НН III

Da hat sie mich wieder erwischt, die Einzeltherapeutin! Sie hat mich tatsächlich in der heutigen
Sitzung zum Weinen gebracht. Kein dramatischer
Ausbruch, aber mir kullerten Tränen über die
Wangen. Warum ich das erwähne? Ganz einfach: Es
war nicht unangenehm! Erstmals habe ich erkannt,
dass Tränen flossen, die eher aus Erleichterung denn
aus Trauer heraus wollten. Und erstmals hatte ich
kein schlechtes Gefühl des Kontrollverlustes,
während es passierte. Es war ein gutes Gefühl und
völlig okay. Noch vor siebeneinhalb Wochen wäre
das undenkbar gewesen!

Überhaupt war heute so ein Tag der Erkenntnis.
Die Dinge, die ich in den letzten Wochen bis ins
kleinste Detail auseinandernahm, scheinen sich
erneut zu einem Ganzen zusammenzusetzen. So ist
mir inzwischen sehr präsent, aus welchen Facetten
sich meine Persönlichkeit zusammensetzt. Da ist
dieses innere Kind, der kreative Mensch auf der
Bühne, der kühl kalkulierende Schlipsträger des
Büros, um nur einige Beispiele zu nennen. Diese
Erkenntnis war ja schon mal recht praktisch. Es

stellte sich allerdings die Frage, wie ich all diese Seiten, sinnig koordinieren sollte. Das war das wesentliche Problem, das mich hier in der Klinik in den letzten Wochen beschäftigt hat. Nun ergibt sich die Antwort ganz von selbst: All diese Facetten haben sich mittlerweile zu einem großen Ganzen zusammengefunden, sind wieder miteinander verschmolzen. Verschmolzen... Das waren sie ja auch, ehe ich in die Klinik kam und es hat ins absolute Chaos geführt, wie wir wissen!

Der kleine, aber feine, Unterschied zu heute liegt allerdings darin, dass über diesem Ball aus verschmolzenen Persönlichkeitsfacetten nun eine weitere Ebene schwebt, nämlich jene des Beobachters und Regisseurs, der alle Akteure und Anteile dieses verschmolzenen Balls kennt und eingreift, sofern das Gleichgewicht zwischen den einzelnen Bestandteilen gestört ist. Auf diese Weise ist endlich wieder eine harmonische Koexistenz aller Facetten möglich, ohne dass eine über Bord geworfen oder unterdrückt werden muss. Die Regie entscheidet nun wieder, wann und in welcher Situation, welcher Teil zum Einsatz kommt. Es ist wieder eine übergeordnete Steuerung vorhanden, deren Aufgabe es ist, das Chaos im Zaum zu halten, wenn sie nur genug Gehör findet. Und dieses verschaffe ich ihr in der Meditation. So einfach ist das! Ja, dieser Zusammenhang hört sich banal und einfach an. Es hat jedoch nahezu acht Wochen gebraucht, ihn von der reinen kognitiven Verständnisebene auch in die emotionale einzupflanzen. Aber es ist mir gelungen! Ich sehe jetzt, was da vor sich geht und ging.

Ganz ähnlich verhält es sich mit den Gruppentherapien. Auch hier habe ich verstanden, dass all diese Mikrokonflikte, die mich so nervten, ihren Sinn hatten. All diese Verhaltensweisen, die mich an den anderen Teilnehmern störten, scheinen nichts anderes als Projektionen von Verhaltensweisen zu sein, die mich auch an mir selbst fuchsen.

Ich schaue quasi vier Mal pro Woche, einhundert Minuten lang in einen Spiegel. Ich sehe mich selbst und bin davon schrecklich genervt! Wenn das nicht mal Extrem-Therapie ist!

Und auch hierbei geht es für mich keineswegs darum, dies abzustellen und Lösungen zu finden. Nein, die schlichte Erkenntnis dieses Spiegelbildes reicht aus, um mich selbst und meine Reaktionen ein wenig besser zu verstehen, um die Regie in mir etwas effektiver werden zu lassen. Hier liegt das Ziel. Ich gebe der Regie Informationen, damit sie künftig besser handeln kann. Diese Personen innerhalb der Gruppe spiegeln nicht nur meine Verhaltensweisen, sondern oftmals auch die eigenen Erfahrungen und Probleme. Sie zeigen mein eigenes Leid. Lebenswege weisen Ähnlichkeiten zu den meinen auf, Probleme ähneln sich. Und wie es nun mal so oft im Leben ist, scheint bei anderen alles klarer und einfacher zu sein, als bei mir selbst.

Wie oft habe ich Unklarheiten meines eigenen Lebens gewälzt, wie oft habe ich gegrübelt und mich im Kreis gedreht? Nun höre ich ähnliche Dinge bei anderen und habe ganz klare Lösungen und Ratschläge im Kopf, die ich bei mir vermutlich aus purer Arroganz, Blindheit, Verbohrtheit oder was auch immer über Jahre hinweg nicht hatte. Diese simplen Einblicke sind es, die mir nutzen, mich selbst besser zu verstehen, und mich in aller Klarheit wahrzunehmen.

So wie ich eigene Verhaltensweisen und Erfahrungen auf andere projiziere, so verhält es sich ebenfalls mit dem ›Schubladendenken‹ innerhalb der Gruppe. Ich habe jedem Protagonisten eine Rolle übertragen, die ich aus früheren Erfahrungen kenne. Eine Rolle, die Menschen in meinem Leben spielten, die Ähnlichkeiten mit den, nun vor mir sitzenden Personen aufwiesen. Ich habe nichts anderes gemacht, als mit meiner allgemeinen Kategorisierung von Verrückten innerhalb der Anstalt, kurz nach der Ankunft hier: Ich schuf Schubladen, um jene Menschen besser einschätzen und mich besser orientieren zu können. Von wem geht eine Gefahr aus? Wer ist vertrauenswürdig? Wer reagiert wann vermutlich auf welche Weise?

Ich bleibe dabei: Solche Schubladen sind nichts Schlimmes. Sie helfen dabei, sich in einer neuen Welt relativ schnell zurechtzufinden. Schwierig wird es erst dann, wenn solche Schubladen absolut und endgültig werden, Menschen in ihnen verschwinden, ohne wieder herauskommen zu können, weil man sich keine Mühe gibt, diese noch einmal zu prüfen. Im aktuellen Kontext macht mir diese Erkenntnis allerdings bewusst, warum ich manche Menschen mag und andere nicht. Warum ich welche Verhaltensweisen oder äußere Merkmale als bedrohlich empfinde: eben weil mich jene Eigenschaften an frühere Erfahrungen erinnern. Es sind jedoch neue Erfahrungen und unbekannte Menschen. Die Erlebnisse haben Bewertungsmuster generiert, die nicht mehr gültig sein müssen.

Emotionen sprechen nicht immer auch Wahrheit! Sie wollen unsere ungeteilte Aufmerksamkeit und stellen daher Dinge oft intensiver dar, als sie es in der Realität sind. Das weiß ich mittlerweile. Und ich weiß, dass ich jene Bewertungsmuster nicht über Bord werfen muss, doch es lohnt sich immer, sie einer zweiten Prüfung zu unterziehen. Ich mache mir fortan bewusst, dass es einen Unterschied zwischen ›Wahrheit‹ und ›Wirklichkeit‹ gibt.

Konkret umschreibt die Wahrheit jenes Weltbild, das ich mir selbst aufgrund von Erfahrungen und eigener Bewertungen, für aktuelle Situationen, zurechtlege. So hat eben jeder von uns seine eigene Wahrheit, in der er lebt. Die Wirklichkeit hingegen, umfasst die reinen, trockenen Fakten. Was geschieht wirklich und was dichte ich mir mit Hilfe von Emotionen hinzu? Beide Welten unterscheiden sich im Alltag recht häufig, was zu Fehlkommunikation und Konflikten führt.

Es wird mir also künftig helfen, insbesondere in Konflikten darüber zu sinnieren, welche Wahrheit gerade aus meiner Interpretation der Geschehnisse entsteht und welche Wirklichkeit dem gegenübersteht. Es wird mich ruhiger mit Konflikten, aber auch mit jenen vermeintlich ständig an mich gestellten Anforderungen, umgehen lassen können, die mich stets in Bewegung halten.

Dem jedoch nicht genug. Was hat mir diese unselige Gruppentherapie wohl noch gebracht? Es ist die Abgrenzung. Permanent wollte ich diesen Gruppensitzungen fern bleiben, denn hier gab es Konflikte, es wurde von Leid berichtet, gelitten aber nur selten gelacht. Grund genug, mich diesem Ungemach entziehen zu wollen, nur leider hatte ich da die Rechnung ohne den Wirt gemacht. Man ließ mich nicht. Ich musste da hin. Es blieb mir also nichts anderes übrig, als mich der Sache hinzugeben, mir Leid und Emotion anzuhören. Und genau dieser Zwang hat es mit sich gebracht, dass ich lernen musste zu unterscheiden: Was betrifft tatsächlich mich? Was lasse ich an mich heran? Was ist das

Problem anderer, das ich mir anhöre, um konstruktiv mitzuarbeiten, ohne es aber als mein eigenes Problem wahrzunehmen, sondern als eins, das ich für andere lösen kann?

Diese Fähigkeit ist es, die ich in erster Linie entwickelt habe. Ich kann mir nun ansehen, wie andere Konflikte in meiner Nähe austragen, ohne selbst dabei ins Schwitzen zu geraten. Es ist mir nicht gleichgültig, ich kann mich allerdings nun lösungsorientiert damit beschäftigen. Es wühlt mich emotional jedoch nicht mehr auf. Abgrenzung im Gegensatz zu Ignoranz.

All das führt mich zu der Erkenntnis, dass diese Psychotherapie nicht unbedingt darauf ausgelegt ist, Lösungen für all die Probleme der Welt zu präsentieren, vielmehr ist sie ein Prozess des sich selbst Verstehens. Diese Methode ist nachhaltiger, da sie mich dazu befähigt, all die Probleme dieser Welt nicht lösen zu wollen, aber mit ihnen umgehen zu können.

Tag 59

𝄜𝄜𝄜𝄜𝄜𝄜𝄜𝄜𝄜𝄜𝄜||||

Es ist wieder einer dieser Freitage, die nur schnell vorübergehen müssen, sodass ich am Samstagmorgen endlich ins Belastungswochenende und meinen Besuch daheim starten kann. Allerdings fehlt mir schon fast ein wenig die Lust, in dieses zu starten. Ich freue mich auf Nadja und die Kinder, keine Frage. Auch die Reise ist gar nicht so schlimm. Da ich ja kein Auto auf dem Klinikparkplatz habe, nimmt mich in der Regel eine Mitgefangene freundlicherweise mit, die auf dem Weg in ihr Belastungswochenende an meinem Heimatort vorbeikommt. Gemütlicher lässt es sich also kaum nach Hause kommen.

Dennoch ist da dieses Gefühl. Dieses Wochenende wäre das letzte Wochenende gewesen, das ich in aller Stille, im Schutz der Klinik mit mir selbst hätte verbringen können. Dem gegenüber steht eine Kindergartenaufführung Maries, die an diesem Wochenende stattfindet, außerdem eine Verabredung meiner Frau, sodass ich als Babysitter gebraucht werde, sowie die schlichte Tatsache, dass meine Familie gern Ehemann und Papa bei sich hätte. Nach nahezu neun Wochen der Abwesenheit meinerseits ist das wohl mehr als nachvollziehbar! Ich möchte ja auch unbedingt sehen, was Marie dort im Kindergarten darbieten wird, schließlich hat sie mir am Telefon bereits ganz stolz von der Generalprobe erzählt.

Ich werde also nach Hause fahren. Der Appetit kommt ja bekanntlich beim Essen ...

Los, geh vorbei, du Therapietag!

Tag 62

IIII IIII IIII IIII IIII IIII IIII IIII IIII IIII IIII II

Schwups: Es ist Montag und da bin ich wieder. Vorbei ist das Wochenende mit der Familie. Und es war alles andere als leicht. Was für ein Termindruck! Kurz nach meiner Ankunft am Samstag ging es eilig zum Einkaufen. Danach gab's Mittagessen, dicht gefolgt von der Verabredung Nadjas und einem Nachmittag allein mit den Kindern. Dieser war jedoch viel entspannter, als ich erwartet hätte, da keines der Kinder in eine ›Quengelattacke‹ irgendeiner Art verfiel, was mich recht ruhig in den Abend gehen ließ, an dem Nadja und ich Besuch zum Essen bekamen.

Am Sonntagmorgen kippte die Stimmung allerdings. Geweckt von den feuchten, zweijährigen Lippen Amelies, irgendwo zwischen meinem Mund und Nase, dicht gefolgt von den Worten:

»Paaaapppa auwachhhhn!!!«, erdrückte mich unmittelbar danach ein Windelhintern im Gesicht und zwei kleine Füße hingen jeweils an meinen Ohren. Das war noch nicht so schlimm. Irgendwie hatte ich es sogar gern, dass die Kleine auf mir herumturnte, wie ich es damals ebenfalls auf

267

meinem Papa getan hatte. Einen Augenblick später kam auch Marie dazu, um ihren Papa in heimischen Gefilden zu genießen. Das war genauso schön und ein Moment voller Stolz und Wertschätzung für mich. Wäre da nicht die Tatsache gewesen, dass ich mich noch vollkommen erledigt fühlte.

Es war etwa halb acht, was für die Kinder eigentlich eine recht späte Aufwachzeit ist und für mich selbst schon eine Stunde mehr Schlaf als üblich bedeutet hatte. Dennoch war ich müde und hätte vermutlich noch stundenlang schlafen können. Was nun kam, war vorprogrammiert: Die Kinder wollten das Wochenendritual einläuten und gemeinsam mit mir zur hiesigen Bäckerei fahren, um dort Frühstücksbrötchen zu kaufen. Was tat ich also? Ich kugelte mich artig aus dem Bett, tapste benommen in die Dusche, dicht gefolgt von Amelie, die auf eigenen, vehementen Wunsch ebenfalls mit mir duschte. Ich trocknete uns ab, machte mich zivilisationstauglich und fand mich bald im Auto wieder.

Ich musste noch Bargeld am Geldautomaten besorgen, der natürlich defekt war, sodass ich einen weiteren suchen musste, wonach ich endlich die Bäckerei ansteuern konnte. Brötchen kaufen, Heimweg, frühstücken. Und so weiter und so fort. Ich war schrecklich frustriert, sauer, fast schon wütend. Nicht auf die Kinder oder sonst was, sondern ausschließlich auf mich.

Ich hatte das Gefühl, den Vormittag mit Dingen zugebracht zu haben, die ich in diesem zeitlichen Ablauf überhaupt nicht hatte tun wollen. Ich war völlig fremdgesteuert worden, hatte mich wieder einmal steuern lassen. So wie es im Büro immer gelaufen war. Und ich hatte nicht einmal in diesem simplen Umfeld den Mumm, selbst zu steuern und irgendetwas zu ändern. Hatte ich nicht? Doch, hatte ich!

Gegen Mittag zog ich die Notbremse. Ich nahm mich für zehn Minuten selbst aus dem Geschehen und meditierte. Ich schaute mir an, was passiert war. Und allein dieses Beobachten machte mich wieder zum Mann am Steuer. Ich fühlte mich wohler, obwohl es noch Tagesprogramm gab. Ich war in der Lage, aus vollem Herzen mit Marie zu spielen und wirklichen Spaß daran zu empfinden! Ein kleines Zeichen, der Veränderung durch die Therapie: die Fähigkeit, ganz emotional im Hier und Jetzt sein zu können, kontraproduktive Situationen zu erkennen und zu handeln.

Ähnlich emotional war dann auch die Aufführung im Kindergarten: Ich war so stolz auf Marie. So dermaßen stolz, dass es mir den Kloß in den Hals trieb. Und genau das war es, was mich wiederum verwirrte. War das nun emotionales Normallevel für einen Papa im Kindergarten, oder hatte ich mich in eine therapierte Memme verwandelt? Wo auch immer die Wahrheit liegt, es ist jedenfalls sehr ungewohnt, all diese Empfindungen zu haben, die ich zuvor nicht in diesem Ausmaß gehabt hatte.

Glücklicherweise hat das Universum aber auch in diesen Momenten der Verwirrung eine kleine Geschichte in der Hinterhand, die mir zeigt, dass ich doch etwas gelernt habe in den letzten Wochen. Die heutige Geschichte spielte an einer Tankstelle, kurz vor Antritt des Rückwegs zur Klinik. Hier hatte sich eine Schlange an der Kasse gebildet. Offenbar konnte ein Kunde seine Tankrechnung nicht zahlen, da sein Gehalt nicht pünktlich auf dem Konto eingegangen war und somit die Kartenzahlung schlicht und ergreifend nicht funktionierte. Die Kassiererin war augenscheinlich verwirrt, auch in Anbetracht der Warteschlange, die sich nun an der Kasse bildete und des Staus auf der Tankstelle selbst. Anstatt nun jedoch zunächst andere Kunden abzufertigen, nahm sie das Telefon, kontaktierte ihren Chef und fragte diesen, was zu tun sei. Bis zu diesem Punkt also kein ungewöhnliches Erlebnis, wäre nach dem Telefonat nicht ein weiterer Kunde hereingestürmt, um zu melden, dass eine Mülltonne auf dem Gelände der Tankstelle brenne ...

Kunde: »Entschuldigung, Ihre Mülltonne brennt!«

Kassiererin: »Oh ... ach ja? Welche denn? Die Schwarze, oder die Blaue?«

Kunde: »Die Blaue!«

270

Kassiererin: »Ja ... ähm ... Das ist nicht unsere. Wir haben keine Mülltonnen hier. Die gehört dem Nachbarn.«

Ich: »Entschuldigung, kurze Anmerkung der Redaktion: Eine Mülltonne brennt auf der Tankstelle. Bei aller Ruhe, die in einer solchen Situation geboten ist ... Ist nicht relativ egal, wem die Tonne gehört und welche Farbe sie hat? Ich schlage vor, Sie geben mir gerade mal – ohne jegliche Panik – einen Eimer, füllen ihn mit Wasser und ich schütte ihn in die Tonne. Dann schauen wir mal, ob das reicht. Jedenfalls scheint das ein sinniger erster Schritt zu sein, finden Sie nicht auch? Wir könnten auch einen der zig Feuerlöscher dieser Tankstelle nehmen, aber das ergibt erfahrungsgemäß immer eine riesen Sauerei.«

Kassiererin: »Also ich weiß nicht ... Das ist doch gar nicht unsere Tonne.«

Ich: »Aber sie brennt. Und wir, Sie und ich, befinden uns gemeinsam mit der brennenden Tonne über etwa zehntausend Litern hochentzündlichem Benzin. Die sind zwar sehr gut abgeschirmt, dennoch sollten wir ein Feuer in Anbetracht dieses Umstands doch zunächst mal löschen und danach darüber nachdenken, wem es gehört. Sollten Sie anderer Meinung sein, ist das völlig in Ordnung. Auch Sie haben das Recht, ein Abenteuer zu erleben. In diesem Fall werde ich aber genau jetzt das Auto, in dem meine Kinder sitzen von dieser Tankstelle fahren und meine Rechnung später begleichen, sofern es Sie und diese Tankstelle dann noch gibt.«

Was nun geschah, ließ mich ernsthaft an der Intelligenz der Frau hinter der Theke zweifeln: Sie nahm das Telefon zur Hand und rief abermals ihren Chef an.

Kassiererin: »Du, hier brennt eine Mülltonne. Was soll ich denn jetzt machen?«

In diesem Moment hatte sich bereits einer der Kunden außerhalb des Kassenraumes einen Eimer mit Scheibenreinigungswasser geschnappt und diesen in die rauchende Mülltonne geschüttet. Fall erledigt, Feuer gelöscht.

Ganz gleich wie schlau oder dämlich die Dame hinter der Theke nun gewesen sein mag: Mich hat dieses Erlebnis daran erinnert, wie ich mich habe von Ereignissen und Rollen treiben lassen, bevor ich in die Klinik ging. Ich agierte innerhalb erlernter Schemata, ohne mich zu fragen, was ich da eigentlich machte. Das hat meinen Akku ausgezehrt, weil ich mich selbst mehr und mehr verlor. Genau dieses Bild hatte ich nun vor meinem geistigen Auge, als ich sah, wie hilflos und nach Hilfe von außen suchend diese Frau reagierte. Dabei hatte sie doch eigentlich alles, was sie zum Lösen des Problems benötigte vor sich liegen. So wie ich in meinem Fall.

Trotzdem brauchte ich jemanden, der mich zwang, die Augen zu öffnen.

Zurück in der Klinik beschlich mich schon am Sonntagabend, den ich in der Kliniksauna verbrachte, ein melancholisches Gefühl. Die letzte Woche in Stille. Die letzte Woche pure Ich-Zeit. Bald würde es nach Hause gehen.

Und auch heute lässt dieses Gefühl nicht nach, wird manchmal sogar stärker. Ich habe mir in den letzten Wochen einen Alltag in diesem Umfeld geschaffen, habe Menschen kennengelernt, die ich vermissen werde, wenn ich nach Hause komme. Ich habe wirklich keine Angst vor meinem zu Hause, dennoch werde ich bald ein Kapitel abschließen, wohlwissend, dass ein neues beginnt. Ich bin traurig. Ja, das bin ich.

Wer hätte gedacht, dass ich traurig sein würde, die Anstalt und diese verrückten Mitgefangenen zu verlassen? Aber jetzt bin ich es. Und auch hier spüre ich, dass es okay ist. Ich weiß, dass ich nicht ewig traurig sein werde und das macht das Gefühl erträglicher und willkommener.

Tag 63

|||| |||| |||| |||| |||| |||| |||| |||| |||| |||| |||| |||| |||

Auch heute bin ich voll im Abreisemodus. Die Traurigkeit und Melancholie erfüllen mich. Ich nehme in den ersten Gruppentherapien bereits Abschied. Mitgefangene aller Kategorien beginnen, sich von mir zu verabschieden. Sie erzählen mir, wie sie mich in den letzten Wochen kennengelernt haben und die Geschichte gleicht sich bei allen. Anfangs war ich trotzig und unnahbar, voller Wut und Ungeduld, ehe man erkannte, was sich dahinter verbarg. Man achte mich als facettenreichen, reflektierten Menschen. Als wertvollen Menschen, den man nicht missen möchte. Und das, obwohl oder gerade weil ich stets und ständig flapsige Sprüche auf Lager habe.

So schön es ist, diese Dinge zu hören, ich erwische mich noch immer dabei, sie nicht ernst zu nehmen, sie im ersten Moment sogar als Hohn oder Sarkasmus zu verstehen. Es fällt mir noch immer schwer, Lob anzuerkennen und ehrlich gemeinte Komplimente darin zu sehen. Stattdessen würde ich mich als überheblich und selbstverliebt ansehen, würde ich das Gesagte für bare Münze nehmen.

Sicherlich sollte man sich auf jenes Lob nicht zu viel einbilden und nicht vergessen, sich selbst kritisch zu hinterfragen. Trotzdem sollte ich auch lernen, mich mit solchen Worten wohlfühlen zu dürfen. Das fällt mir nach wie vor schwer. Ich kann nicht einordnen, was Hohn und was wirklich ehrlich gemeint ist.

In der Einzeltherapiesitzung habe ich den Abschlussbericht für die Versicherung thematisiert. Dieser wird mir noch vorgelegt werden, sodass ich auch hier sehen kann, dass nicht zu viele Intimitäten an irgendeinen Sachbearbeiter der Versicherung weitergereicht werden.

Mir ist durchaus bewusst, dass die Versicherung wissen soll und muss, wofür sie dieses viele Geld bezahlt. Allerdings ist mir auch wichtig, dass es ihr mit therapeutischen Schemata und Krankheitsbildern erklärt wird. In meinem Seelenleben hat ein Vertragspartner nichts zu suchen. Die Tatsache, dass ich den Bericht einsehen und beeinflussen kann, ohne dafür kämpfen zu müssen, bestätigt mich in der Wahl dieser Klinik.

Trotz der vielen Dinge und emotionalen Erlebnisse am Wochenende und Wochenstart, haben mich die Schmerzen in den Armen bis jetzt in Frieden gelassen. Ich hoffe, dass das nun langsam nachlässt, wenn ich weiter bei mir und meiner inneren Regie bleibe.

Tag 64

Ⅲ⳽ ⳽Ⅲ⳽ ⳽Ⅲ⳽ ⳽Ⅲ⳽ ⳽Ⅲ⳽ ⳽Ⅲ⳽ ⳽Ⅲ⳽ ⳽Ⅲ⳽ Ⅲ⳽ ⳽Ⅲ⳽ ⳽Ⅲ⳽Ⅲ⳽ ⅠⅠⅠⅠ

Meine Melancholie hinsichtlich des nahenden Abschieds von der Klinik lässt deutlich nach und weicht der Vorfreude auf Daheim. Ich bin glücklich, bald wieder bei meiner Familie zu sein und das Leben selbst in die Hand zu nehmen. Ich freue mich darauf, kreativ und produktiv zu sein, erneut am alltäglichen Leben teilzuhaben!

Wie zerbrechlich diese Vorfreude sein kann, wurde mir beim heutigen Blick ins Klinikpostfach, auf dem Weg zum Frühstück, bewusst: Hierin lag ein Umschlag, adressiert an ›Herrn Mette‹.

»Sehr ungewöhnlich«, dachte ich noch, denn dieser Adressat war handschriftlich auf den Umschlag geschrieben worden. Sämtliche Klinikpost hingegen hatte in aller Regel bedruckte Umschläge, oder aber eine handschriftlich aufgebrachte Zimmernummer.

»Sicherlich eine Nachricht von der Einzeltherapeutin«, war mein nächster Gedanke und ich schaute auf die Rückseite des Umschlags, um einen Absender auszumachen. Doch auch hier fand ich nichts. Ich öffnete den Brief und erschrak. Ich hielt fünf handgeschriebene DIN-A4-Seiten in der Hand. Ohne mit dem Lesen anzufangen, schaute ich auf die letzte Seite, suchte nach einem Absender. Nichts. Ich hatte es tatsächlich mit einem anonymen Brief zu tun.

Das Schriftbild ließ auf einen weiblichen Absender schließen. Meine Handflächen wurden feucht, Adrenalin durchströmte meine Adern.

»Da will jemand mit dir abrechnen«, schoss es mir durch den Kopf, ohne auch nur eine Zeile gelesen zu haben. Die Angst, irgendjemanden innerhalb der letzten Wochen durch einen flapsigen Spruch oder durch mein Verhalten zu nahe getreten zu sein, jemanden unbewusst beleidigt zu haben, missverstanden worden zu sein ... Das alles durchfuhr mich wie ein Blitz. Wenn ich die Klinik verlassen würde, dann wollte ich das nicht mit einem solchen Nachgeschmack oder schlechten Ruf tun!

Mein Tag kippte, noch bevor er so richtig begonnen hatte. Weiterhin vor dem Postfach stehend begann ich mit Schweißperlen auf der Stirn zu lesen. Was ich da las, machte mich misstrauisch, denn ich fand keine negative Kritik, keine Vorwürfe. Nicht in den geschriebenen Worten und auch nicht zwischen den Zeilen. Ich las den Brief abermals. Wieder nichts. Im Gegenteil. Eigentlich las sich das alles recht positiv. Strich ich nun das ›eigentlich‹ und das

›recht‹, so wurde mir klar: Hier wollte sich jemand mit wunderbaren Worten von mir verabschieden. Es beschrieb mich jemand aus seiner Sicht. Es war jemand, der oder die mich mochte.

Trotzdem sträubte sich etwas in mir, diese Worte als ehrliche Worte anzunehmen, Vertrauen zu haben. Aufgrund der Inhalte des Briefes wusste ich sofort, wer der Autor war. Es war eine junge Mitgefangene, mit der ich nicht einmal besonders häufig Kontakt gehabt hatte. Sollte ich sie nun ansprechen und ihr für die Zeilen danken oder sie einfach annehmen und auf sich beruhen lassen? Ich hatte keine Ahnung.

Die Ereignisse noch immer verdauend, war es nach dem Frühstück Zeit für mich in die allmorgendliche ›schwarze Runde‹ in der Kaffee-Ecke einzukehren. Diese Tratschrunde hatte in den letzten Wochen meinen Start in den Tag immer deutlich erleichtert, wurden hier doch die neusten Geschichten der Klinikflure ausgetauscht oder einfach nur flache Witze über Depressive gemacht. ›Schwarze Runde‹ wurde sie deshalb genannt, weil aus purem Zufall die Stammmitglieder jener Runde – einschließlich mir – stets schwarze T-Shirts trugen. Der Psychologe von Welt würde hier nun sicherlich etwas hineininterpretieren, ich behaupte aber, dass die Kleidung an dieser Stelle wenig mit der seelischen Verfassung der Beteiligten zu tun hatte.

In meiner heutigen, vorletzten schwarzen Runde, sollte jedoch eine kleine Bombe platzen, wie sie es nur in einer psychosomatischen Klinik kann. Ich nenne es den ›Saunagate‹-Skandal!

Fangen wir von vorn an: Es mag der letzte Freitag gewesen sein, an dem sich wieder einmal eine illustre Runde Depressiver in der Kliniksauna traf. Männliche Depressive, weibliche Depressive. Die Sprüche flogen tief, es wurde wie immer viel gelacht, denn wie ich ja inzwischen gelernt habe, bedeutet eine Depression zu haben, nicht automatisch, zu keinem Zeitpunkt mehr Lachen zu können. Jedenfalls dann nicht, wenn man nicht zu Kategorie 1 depressiver Menschen gehört. Mitten in jener entspannten Atmosphäre begab es sich, dass eine Mitgefangene die anwesenden Herren darum bat, ihr den Rücken mit einem Peeling einzureiben, denn weitere weibliche Mitgefangene waren nicht anwesend.

Mit weit aufgerissenen Augen und heftig schüttelnden Köpfen schauten sich die Herren außerhalb des Blickfeldes der Mitgefangenen stumm an. Niemand wollte das Peeling und auch nicht die Mitgefangene in die Hand nehmen.

»Mach du's, du bist schließlich Arzt!«, rief die Kante seinem Nachbarn schließlich zu, der sich weiterhin stumm die Augen zuhielt, um weiteren Aufforderungen zu entgehen.

»Ich bin schüchtern, ich kann sowas nicht!«, rief ich laut lachend in die Runde, um zu vermeiden, dass ich ebenfalls aufgefordert würde, diese fragwürdige Aufgabe zu übernehmen. Schlussendlich erbarmte sich einer der Anwesenden, die Kosmetik auf dem Rücken der Mitgefangenen zu verteilen. So weit, so gut. Das war Teil eins der Geschichte.

Einige Tage später, am Montagmorgen, tagte die schwarze Runde, wie sie es ja an jedem Werktag tat. Natürlich war auch die Geschichte in der Sauna Thema. So viel gibt's in der Klinik ja schließlich nicht zu erleben, weshalb man sich auf ein solches Ereignis geradezu stürzt. Teil der schwarzen Runde war an diesem Morgen allerdings auch eine weitere Mitgefangene. Zwar bat diese kurz darum, das Thema zu wechseln, wirklich darum gekümmert hat sich jedoch niemand. Sie hätte ja einfach den Standort wechseln können. Abgrenzung in der Praxisübung. Man lachte also weiter und auch hier flogen mehr oder minder ernst gemeinte Sprüche mehr als tief. Das war Teil zwei der Geschichte.

Teil drei der Geschichte, ist nun jener, der sich in der heutigen schwarzen Runde ereignete: So wurde nun berichtet, dass die Mitgefangene aus der Sauna von ihrem Einzeltherapeuten angesprochen worden war. Man würde sich von ihr sexuell belästigt und genötigt fühlen, überlege wie man in diesem Fall verfahren solle.

»Nicht dein Ernst?!«, sagte ich noch. Schließlich redeten wir hier von einem Peeling und einer Runde, in der sich nun niemand in irgendeiner Form belästigt fühlte.

»Oh doch! Und alle Beteiligten werden dazu von ihren Einzeltherapeuten angesprochen werden!«, antwortete der berichtende Mitgefangene. Kichernd und ungläubig schüttelte ich den Kopf und war noch dazu heilfroh, nichts mit dem Peeling zu tun gehabt zu haben. Wie sich nun aber herausstellte, war nicht einmal eine in der Sauna anwesende Person jene gewesen, die sich belästigt gefühlt hatte. Nein, es war die Mitgefangene, die sich die Saunageschichte in der montäglichen schwarzen Runde lediglich angehört hatte! Dies reichte ihr und den offenbar irritierten Synapsen aus, sich von der Dame aus der Sauna quasi virtuell belästigt zu fühlen, um sich kurz darauf den Therapeuten zu offenbaren. Als sei das nicht schon krank genug, wittert der Therapeut von Welt hier natürlich sein nächstes ›therapeutisches Geschenk‹ und pumpt diese Mücke gekonnt und konsequent zum Elefanten auf.

Der Grund dafür ist klar: Bringt man Depressive ordentlich in Konflikt mit sich und ihrem Umfeld, so kommt man wesentlich besser an ihre Emotionen und damit zum nächsten therapeutischen Ansatzpunkt. Das zumindest ist meine persönliche Theorie, die daraus resultiert, dass ich ähnliche Vorkommnisse schon in den letzten Wochen beobachten durfte. Nur war mir bisher nicht klar, warum die Therapeuten immer nach einem Haar in der sprichwörtlichen Suppe suchten, um daraus einen Skandal zu formen.

Wobei dieser Skandal ja niemals von einem Therapeuten geformt wird. Vielmehr werden jene Mikrokonflikte von ihnen lediglich beleuchtet, sodass die Gefangenen den Skandal selbst heraufbeschwören. Klinikpopulismus sozusagen. Mit dem ›Saunagate‹-Skandal bleibt für mich aber kein Zweifel offen: Man nutzt diese kleinen Dinge, um die Gefangenen ordentlich aufzumischen und in die Enge zu treiben. Denn auf diese Weise, unter Druck, öffnen sie sich.

Tag 65

||||| ||||| ||||| ||||| ||||| ||||| ||||| ||||| ||||| ||||| ||||| ||||| |||||

Ein aufreibender Morgen war das für mich. Warum genau, das weiß ich auch nicht. Vermutlich lag es daran, dass heute die ›offizielle‹ Verabschiedung aus meiner Gesprächsgruppe auf dem Programm stand. Ich befand mich also im Mittelpunkt. Jeder durfte sich von mir verabschieden, ich würde mich wiederum von jedem Gruppenmitglied verabschieden müssen.

Ich habe mir etwas ausgedacht. Ich mache, was ich kann und das ist Musik. Das hatten sich ohnehin in den letzten Wochen diverse Gruppenmitglieder von mir gewünscht, wobei ich immer vermied, öffentlich den ›Lagerfeuer-Musiker‹ zu mimen. Bin ja kein Musiktherapeut oder zum Karrieremachen in der Klinik. Für mich ist es jedoch der optimale Weg, mich beim Abschied auf sicherem Terrain zu bewegen und nicht für jeden der Mitgefangenen passende Worte finden zu müssen.

So tat ich also, was ich kann: Ich machte Musik. Ich nahm meine Gitarre und spielte ein Stück, das ich kurz vor meiner Ankunft in der Klinik geschrieben hatte und ... ich konnte es noch! Ich spielte den »Freischwimmer«, wie ich den Song nenne. Das eine oder andere Tränchen floss bei den Mitgefangenen. Ziel erreicht! Ein adäquater Abschied! Auch die Worte, die jene Menschen für mich fanden, waren gleichfalls positiv, wie rührend. Irgendwie war ich froh, als dieses emotionale Spektakel vorüber war.

Der ›Saunagate‹-Skandal ist noch nicht vorüber, da gab es beim Mittagessen sogar noch einen waschechten ›Watergate‹-Skandal, wie ich meine. So hatte eine Mitgefangene am gestrigen Abend die klinikeigene Whirlpool-Badewanne gebucht und sich offenkundig darin eine ordentliche Tüte Kartoffelchips gegönnt. Dumm nur, dass die Krümel dieser Chips die Düsen der Whirlpoolfunktion verstopften, weshalb die Reinigungskraft nun kopfüber und fluchend in der Badewanne lag, um jede einzelne Düse von den dämonischen Chips zu befreien. Skandal!

Grund genug, dieses Vergehen mit der Patientin in der Einzeltherapie aufzuarbeiten! Oh Mann, bin ich froh, es bald wieder mit normalen Problemen zu tun zu haben!

Mir blieb heute nicht viel mehr, als noch ein letztes Mal die Sauna der Klinik zu genießen, so wie ich es an fast jedem Abend der letzten Wochen handhabe.

Nun ein letztes Mal.

Tag 66

||||| ||||| ||||| ||||| ||||| ||||| ||||| ||||| ||||| ||||| ||||| ||||| ||||| |

Mein Name ist Len Mette. Ich bin saunasüchtig.
Darüber hinaus bin ich abhängig von Kohlenhydra-
ten. Ich erkläre mich dennoch in etwa einhundert
Minuten für geheilt.«

Das war mein Beitrag in der heutigen Befindlich-
keitsrunde der Klecksgruppe und damit der letzten
Veranstaltung, an der ich in der Klinik teilnahm. Seit
Wochen wollte ich einen solchen Schwachsinn
inmitten jener durch Depressionen geplagten
Mitgefangenen von mir geben, die Tag ein, Tag aus
Probleme wälzten. Heute habe ich es getan. Welch´
Befreiung! Vermutlich der wesentlichste Schritt zur
Genesung! Glücklicherweise flogen mir kein Pinsel
und auch kein Radiergummi an den Kopf, sondern
man lachte mit mir.

»Warum hab ich das nicht schon viel früher
gemacht?!«, fragte ich mich noch.

Ich freute mich riesig, heute heimfahren zu
können. Ein letztes Frühstück. Eine letzte schwarze
Runde. Ein letztes Mittagessen. Dann stand mein
Taxi in Form eines Freundes vor der Tür, um mich

und meine gefühlten zwei Tonnen Gepäck abzuholen. Menschen, die mich umarmten, mir nette Dinge sagten. Personen, denen ich abnahm, dass ich ihnen fehlen würde. Ein komisches Emotionschaos ging dabei in mir vor.

Fiel es mir tatsächlich gerade schwer, mich von einer Klapse zu verabschieden? Ja, das tat es. Irgendwie war diese Klapse in den letzten zehn Wochen zu einem Stück zu Hause, zu einem Stück gewohnter Normalität für mich geworden, obwohl ich wusste, dass mein echtes zu Hause woanders ist. Aber das liegt vielleicht auch daran, dass mit meinem echten zu Hause nun eine Herausforderung verbunden ist, die mich ein wenig ängstigt. Es geht zurück in den Alltag. Dort wird sich zeigen, was ich gelernt oder nicht gelernt habe.

Auch jene junge Dame, die mir vor zwei Tagen den anonymen Brief ins Postfach gelegt hatte, verabschiedete sich von mir. Sie umarmte mich. Ich nutzte die Gelegenheit und flüsterte ihr ins Ohr:

»Danke für deinen Brief.« Ihr Lächeln und der schlagartige Wechsel ihrer Gesichtsfarbe von hell in ein tiefes Rot verrieten mir, dass ich Recht hatte mit der Vermutung in Bezug auf den Absender des Briefes.

»Bitteschön«, sagte sie leise und verschwand im Klinikflur.

Das ist es. Das Ende von neuneinhalb Wochen Klinik. Vier Wochen hatte ich angestrebt, als ich hier ankam. Zwischendurch erschienen mir sogar neuneinhalb Wochen zu wenig. Jetzt ist es also vorbei und ich darf mich im Alltag ausprobieren. Neuneinhalb Wochen, 66 Tage. Tschö, Klapse! Und: Danke!

Wieder daheim
Drei Wochen später

卌卌卌 卌卌卌 卌卌卌 卌卌卌 卌卌卌 卌卌卌 ||

Nun ist es drei Wochen her, seit ich die Klinik verließ. Jeden Tag beobachte ich meine Gefühlswelt. Und es ist viel schwerer, zu sagen wie ich mich fühle, als ich gedacht hätte. Es gibt gute Tage und es gibt welche, an denen mir alles zu viel wird. Es gibt bisher keinerlei massive Rückfälle in die Depression, dennoch ist es ein stetiges ›mich selbst beobachten‹.

Es ist ein misstrauischer Blick, den ich auf mich selbst richte. Ja, es ist sicherlich auch dieser misstrauische Blick, der mich aufpassen lässt, der eben verhindert, dass es mir wieder schlecht geht. Allerdings kostet diese dauerhafte Beobachtung Energie und stresst mich. Ich habe quasi Angst vor der Angst. In diesen Momenten mache ich mir bewusst, was ich gelernt habe: Man kann nur dann Angst empfinden, wenn man denkt, denn sie entsteht aus negativen Bewertungen der Zukunft, die aus schlechten Erfahrungen der Vergangenheit resultieren.

Aber warum soll die Zukunft unweigerlich so sein, wie die Vergangenheit? Sie ist ja schließlich noch nicht geschehen und wird von mir selbst mitgestaltet. Alles läuft also auf das Thema des ›zu viel Denkens‹ hinaus. Kopfkino sozusagen. Und das habe ich durch Meditation abzustellen gelernt, mich stattdessen mehr im ›Hier und Jetzt‹, in der Realität aufzuhalten. Ich hoffe nur, dass dieses Misstrauen mir selbst gegenüber sich bald in einen wohlwollenden Blick auf mich selbst verwandelt. So wie es in der Klinik war ...

Dort hatte ich Vertrauen in mich selbst. Faktisch bin ich jedoch in der Lage, mich selbst zu betrachten und glaube zu wissen, dass ich mich zuerst in die neue Konstitution einleben muss. Das Selbstvertrauen wird sicherlich irgendwann von ganz allein in mich einkehren. Nur gut, dass ich momentan noch nicht arbeiten muss.

Ich habe noch immer Kontakt zu einzelnen Mitgefangenen aus der Klinik. Ihnen geht es exakt gleich, teilweise sogar deutlich schlechter. Das zeigt mir, dass ich mich in einem völlig normalen Prozess befinde, was die guten und schlechten Phasen angeht.

Freunde sagen, dass ich mich irgendwie verändert habe, aber trotzdem auch noch der Alte wäre.

»Ja, richtig. Das ist schließlich der Sinn bei der Sache«, entgegne ich. Manche sind dann etwas desorientiert, fragen sich, ob ich nicht doch ein Anderer geworden bin. Auch das wird sich regeln. Ich werde es nicht überbewerten, denn auch ich sehe meinerseits einige Freunde und Bekannte mittlerweile anders. Hatte sich mein Blick zuvor oftmals von ›Höher, schneller, weiter‹ und materiellen Dingen ablenken lassen, überwiegt jetzt der Beziehungsaspekt. Es ist mir einfach wichtiger, meinen Leuten in die Augen sehen zu können, als in ihren Ferrari einzusteigen, um das Bild einmal zu überzeichnen.

Ich habe erneut Lust, Dinge zu erledigen, den Alltag zu steuern. Ich habe mir daheim eine Ecke eingerichtet, in der ich Zeit für mich finden, mich einmal pro Tag entspannen kann, meinen Ich-Begriff fokussiere. Das tut gut. Und um mich genau daran zu erinnern, habe ich sogar ein Bild aufgehängt, das ich in der Klinik gemalt habe. Es fungiert als eine Art Merkzettel, als Erinnerung, die mich ermahnt, mir Zeit für mich zu nehmen.

Meine körperlichen Symptome sind deutlich zurückgegangen: Die Arme sind bisher okay, die Verdauung normalisiert sich langsam, ich schlafe gut, das Hautbild regelt sich ebenfalls. Keine Schweißausbrüche und hey ... Ich habe sogar etwas Gewicht verloren!

Nadja und die Kinder sind mehr als froh, dass ich zurück bin. Wir sind wieder eine Familie und das war gar nicht schwierig. Es ist, als wäre ich nie fort gewesen.

Wie erwähnt ist es ein auf und ab. Immer dann wenn meine Stimmung etwas kippt, bekomme ich einen Schreck, habe Angst einen Rückfall zu erleiden. Diese Angst ist jedoch unbegründet, denn ich beobachte mich ja noch und weiß, dass auch die schlechteste Stimmung vorübergeht. Und das tut sie zuverlässig.

Ich mache Dinge langsamer und bewusster als vorher, auch wenn sie schnell gehen müssen. Ich ärgere mich weniger über andere Menschen oder Alltagssituationen. Und das fällt mir zunehmend leichter.

Trotzdem ist diese Selbstbeobachtung noch anstrengend. Sicherheitshalber habe ich Termine bei einer mit der Klinik kooperierenden Therapeutin vereinbart. Hier werde ich künftig alle zwei bis drei Wochen zu Gast sein. Von Besuchen der Klinik-Selbsthilfegruppen hat man mir abgeraten, da mir das Wälzen der Probleme anderer ohnehin nicht mehr guttun würde. Das kommt mir entgegen, denn das war mir ja bereits in der Klinik auf den Zwirn gegangen.

In Summe geht es mir also gut. Ich muss wachsam und achtsam sein, aber das ist ja das, was ich gelernt habe. Fakt ist, dass mein Weg nach der Klinik nun in Eigenregie weitergeht. Es gilt das Gelernte zu festigen und beizubehalten. Wer glaubt, er würde gänzlich geheilt aus der Klinik kommen, der irrt gewaltig, so scheint es. Der Weg beginnt offenbar gerade erst und ich nehme wahr, wie schwer es ist, die Disziplin der Achtsamkeit im Alltag aufzubringen, insbesondere dann, wenn es recht gut läuft.

Sechs Monate später

||| |||| ||| ||| |||| ||| ||| ||| ||| ||| |||| ||| ||| |||| ||| ||| ||| ||| ||| |||| ||| ||||
||| |||| ||| ||| |||| ||| ||| ||| ||| ||| |||| ||| ||| |||| ||| ||| ||| ||| ||| |||| ||| ||||

Es ist anstrengend. Ja, es ist noch immer anstrengend für mich, nicht in alte Muster zurückzufallen. Täglich rufe ich mir in Erinnerung, im Hier und Jetzt und bei mir selbst zu bleiben. Das bedeutet harte Arbeit.

Der positive Aspekt ist, dass ich endlich wieder ›alltagstauglicher‹ bin. Mein Selbstvertrauen ist zurück, ich bin in kritischen Situationen belastbarer und entscheidungsfreudiger. Ich bin in einen Sportverein eingetreten und habe mein Privatleben von vielen Dingen befreit, die mich schon lang geärgert haben. Meine sechsmonatige Wiedereingliederungsphase in den Job ist nun vorüber, sodass ich erneut voll im Berufsalltag angekommen bin.

Es gibt nach wie vor Tage, an denen es mir schlecht geht. Das passiert vielleicht im Abstand von zwei oder drei Wochen. Ich fühle mich dann müde und ausgelaugt, habe jedoch die Gewissheit, dass dieses Tief vergehen wird. Es ängstigt mich nicht. Die Frequenz dieser Episoden nimmt nur langsam ab, ABER die Abstände zwischen diesen Rückfällen

293

werden eindeutig größer und werden sich weiter ausdünnen, wenn ich den ›Gelehrten‹ glauben darf.

Ich habe gelernt, mir Zeit für mich zu nehmen und kein schlechtes Gewissen dabei zu haben, habe sogar vier Tage allein an der Nordsee verbracht und wirklich viel Energie tanken können. Bevor ich am Morgen das Büro betrete, frühstücke ich nun in aller Ruhe und komme entspannt dort an.

Ich habe viel über mich und meinen Alltag gelernt, habe gelernt, private Vorhaben auch mal zu verschieben, wenn mir meine Kalenderwoche zu voll erscheint. Ich nehme solche Termine nicht mehr um ihrer selbst willen wahr. Eine ganz wesentliche Erkenntnis ist jedoch, dass sich meine Ernährung offenbar direkt auf meine Stimmung auswirkt. Hierbei geht es zwar eher um Stimmungstendenzen und nicht um Extreme, aber der Zusammenhang scheint vorhanden zu sein: Ernähre ich mich sehr kohlenhydratreich und ›schwer‹, so führt das auch mental eher zu einer gewissen Trägheit. Alkohol, selbst in recht überschaubaren Mengen kann dazu führen, am Folgetag jene Antriebslosigkeit zu verspüren, und hier rede ich bei weitem nicht von einem ausgewachsenen Kater.

Im Gegenzug führt eine ausgewogene Ernährung und leichter Sport nun auch wieder zu positiven Effekten. Dies war vor der Zeit in der Klinik eindeutig nicht mehr der Fall. Nun ist es nicht so, dass ich mich stets streng an diese Erkenntnisse halte. Nein, Kohlenhydrate und auch ein Bierchen finden immer mal wieder den Weg in meinen Bauch. Es ist jedoch so, dass ich solche Dinge bewusst meiden kann, wenn es mir ohnehin minder prächtig geht. Und wer weiß, vielleicht werde ich tatsächlich noch zu einem Menschen, der sich durchweg vernünftig ernährt. Schöne Utopie ...

Ich lächle. Daheim, im Büro und auf der Bühne. Es ist, als hätte ich eine Art Frieden gefunden, trotz der Stresssituationen, die mein Beruf natürlich nach wie vor mit sich bringt.

Es gibt eine Sache, die ich bisher jedoch unterschätzt habe. Es ist exakt jene Befürchtung, die ich hatte, bevor ich in eine Klinik ging: Ich bin Träger eines ›Burn-out‹-Stempels, der in roten, virtuellen Lettern auf meiner Stirn zu prangen scheint. Es gibt Menschen, die mich fragen, ob ich mich imstande sehe, gewisse Aufgaben zu übernehmen. Es gibt Personen, die mich entsetzt und mitleidig ansehen, wenn ich einmal nicht lächle. Ja, es gibt welche, die meine Gesundheit und Motivation an der Breite meines Lächelns zu messen scheinen. Es gibt Menschen, die meine Stimmung anhand der Farbe der Kleidung zu interpretieren versuchen. Und es gibt diejenigen, die meinen Genesungsprozess und meine Fahrtüchtigkeit daran bemessen, dass ich zwei Alufelgen meines Autos aufgrund eines Ausweichmanövers an einer Bordsteinkante ›zersägt‹ habe. Es gibt intelligente Menschen, die sich ihr Urteil auf Basis frei erfundener Unwahrheiten eines Büroflurs bilden.

Was ich auch mache: Man schiebt es auf die Krankheit, die ich durchlebe, ohne jedoch mit mir darüber zu sprechen. Selbst dann, wenn es Dinge sind, die jedem ›gesunden‹ Menschen widerfahren. Das macht den Alltag noch anstrengender. In einem Teil meines Alltags fühle mich also beäugt, gekränkt und oft nicht für voll genommen. Ich versuche mir vor Augen zu führen, dass jene Personen schlicht unsicher und hilflos im Umgang mit einer solchen Diagnose sind und versuche ihnen zu verzeihen, offen mit ihnen zu sprechen. Auch dann spüre ich, dass darüber nachgedacht wird, ob meine Worte die eines gesunden, oder eines kranken Menschen sind. Ich führe mir vor Augen, dass Gras über die Sache wachsen wird und ich in anderer Umgebung völlig normal behandelt werde.

Meinen ehemaligen Mitpatienten ergeht es derweil ähnlich. Es gibt Rückfälle und oft notfallartige Rückreisen in die Klinik. Es gibt Kündigungen, die mit vorgeschobenen Argumenten ausgesprochen werden, um jene ›Risikomitarbeiter‹ aus Unternehmen zu entfernen. Es gibt Konflikte mit Freunden und Familie aufgrund dieser stetigen Krankheitsthese, des Stempels auf der Stirn. Es gab weitere Suizide.

Das alles trifft mich im Herzen, nagt aber nicht an meinem eigenen Selbstvertrauen, denn es gibt auch viele positive Entwicklungen. Bei mir und den ehemaligen Mitpatienten. Ich zumindest habe Pläne! Beruflich, wie privat. Prioritäten haben sich verschoben, da ich weiß, was ich will und wer ich bin. Und ich bin voller Energie und Tatendrang! Selbst wenn es noch ein wenig Zeit in Anspruch nehmen wird, mich gänzlich zu erholen ... Ich habe diese Zeit. Ich bin wieder da!

Das sehen auch die Therapeuten so. Sie haben mich eiskalt aus der Betreuung entlassen, die ich zuletzt nur noch alle vier Wochen besuchte, weil ich in ihren Augen eine sehr gute Entwicklung durchlebt habe. Anfangs war ich mir nicht ganz sicher, ob ich diese Meinung teile. Aber auch hier zeigt sich, dass der Schritt notwendig und sinnvoll war, denn er führt mir vor Augen, dass ich in der Tat keine Hilfe mehr benötige, sondern wieder völlig eigenständig und erfolgreich die Höhen und Tiefen meines Alltags meistere. So wie jeder andere Mensch eben auch.

18 Monate später

JHT JHT JHT JHT JHT JHT JHT JHT JHT JHT JHT JHT JHT JHT JHT JHT JHT JHT JHT JHT JHT JHT JHT JHT JHT JHT JHT JHT JHT JHT JHT JHT JHT JHT JHT
JHT JHT JHT JHT JHT JHT JHT JHT JHT JHT JHT JHT JHT JHT JHT JHT JHT JHT JHT JHT JHT JHT JHT JHT JHT JHT JHT JHT JHT JHT JHT JHT JHT JHT JHT
JHT JHT JHT JHT JHT JHT JHT JHT JHT JHT JHT JHT JHT JHT JHT JHT JHT JHT JHT JHT JHT JHT JHT JHT JHT JHT JHT JHT JHT JHT JHT JHT JHT JHT III

Veränderung wird nur hervorgerufen durch aktives Handeln, nicht durch Meditation oder Beten allein.«
Seine Heiligkeit der 14. Dalai Lama

Ich bin noch immer da! Und ich bin fast so stark, wie ich es einmal war. Ich habe es in der Tat geschafft, Meditation und Ich-Begriff in meinen Alltag zu integrieren, und schaffe es damit Stress und Konflikte souveräner denn je zu durchleben. Diese Ruhe bringt es mit sich, viel leichter Wichtiges von Unwichtigem unterscheiden zu können. Dieser innere Frieden lässt mich eine positive Grundhaltung wahren und erstaunlicherweise ebenfalls das Verständnis für vermeintliche Gegenspieler wachsen. Ich habe verstanden, dass diese Art von Gelassenheit nicht nur gut für mich und meinen Alltag ist, sondern dass sie sich darüber hinaus auch auf andere im Umfeld positiv auswirkt.

Ich bin nicht sehr spirituell. Aber alles das, was ich in der Klinik über Buddhismus, Mitgefühl und

Meditation gelesen habe, bewahrheitet sich. Für mich kein Grund, mich nun in eine Mönchsrobe zu wickeln und auch keiner den Kamin mit Räucherstäbchen zu füttern, aber eines steht fest: Die Jungs in den Roben haben es drauf! Ich habe mir die Zeit genommen, einigen Vorträgen seiner Heiligkeit dem Dalai Lama zu lauschen. Der Mann hat Humor! Er macht tatsächlich gute Laune! Er versteht es, komplexe Zusammenhänge auf das Wesentliche herunterzubrechen und somit verständlich zu gestalten, ohne seine Person dabei zum ›Maß der Dinge‹ zu stilisieren. Stattdessen verbreitet er die Kunde von Gelassenheit und Mitgefühl, die in keiner Weise im Widerspruch zu dem steht, was uns seit Jahrtausenden moralische Instanzen und Religionen aus aller Welt zu vermitteln versuchen. Meiner Ansicht nach eine Eigenschaft, von der sich so mancher Geistliche eine ordentliche Scheibe abschneiden sollte! Einfach mal Inhalte in den Vordergrund und Personenkult nach hinten schieben. Ich bin Dalai Lama-Fan.

Ein viel größerer Fan bin ich allerdings inzwischen auch davon, andere an meine Erfahrungen teilhaben lassen zu können. Verschiedenste Menschen kommen zumeist heimlich auf mich zu, um zu fragen, wie das eigentlich alles so war mit der Klinik und diesem ... diesem Burn-out. Sie fühlten, dass irgendetwas vielleicht auch bei ihnen nicht stimmt und wollten ›einfach mal nachfragen‹. Und ich erzähle es gern. Ich habe gelernt, dabei ihren Weg oder Situation nicht zu bewerten, und meinen nicht als den einzig richtigen zu betrachten. Nein, ich erzähle und höre zu, ohne zu bewerten und erlange in aller Regel im Anschluss sehr viel Dankbarkeit dafür, vermeintlich sehr geholfen zu haben. Dabei habe ich nicht viel getan. Verrückt!

Ein weiterer Aspekt hat sich leider aber ebenso gefestigt: die berufliche Zukunft als Depressions- oder Burn-out-Patient. Ich erwähnte bereits, was sich immer deutlicher in meinem Umfeld abzeichnete. Wer kann, der zieht sich aus dem Berufsalltag zurück, andere werden gekündigt. Wenige bleiben, wo sie sind, aber die meisten wechseln das Unternehmen. Entweder, weil sich ihre Prioritäten geändert haben, oder aber weil ihr Stigma sie nach wie vor begleitet.

Auch meine Prioritäten haben sich gewandelt. Ich habe mir selbst in den letzten Monaten bewiesen, dass ich arbeiten kann, wie ich es zuvor auch getan habe, bekomme gute Rückmeldungen von Arbeitgeber und Kunden. Dennoch habe ich ganz allein für mich eine Entscheidung getroffen. Ich werde anderswo in veränderter Weise arbeiten und sehe es sehr positiv. Für mich, für mein Ich und für die Zukunft. Es ist Zeit ein neues, nicht minder anspruchsvolles, Kapitel aufzuschlagen.

Zusätzlich bin ich musikalisch sehr aktiv, stehe mit Regelmäßigkeit auf der Bühne. Auch das gehe ich ohne jenen Druck, die ganz großen Räder im Geschäft drehen zu müssen, an und es entspannt mich. Es macht mich sogar erfolgreicher.

Meine Arbeit als freier Redner bereichert mich ebenfalls. Ich stehe entspannt vor den Zuhörern und bilde mir ein, dass mich das auch an dieser Stelle authentischer und damit erfolgreicher werden lässt.

Durch diesen grundlegenden Wechsel der eigenen Perspektive kann ich schlicht all die Dinge tun, die ich vor der Krankheit getan habe. Nur mit dem Unterschied, wesentlich mehr Energie und Enthusiasmus zu verspüren, und das auch nach außen transportieren zu können. Mein Schlüssel bleibt die Meditation und ein wahrhaftiger Blick auf mich selbst, der niemals wieder in Selbstzweck und ›Unwahrhaftigkeit‹ umschlagen darf. Alles was ich in dieser Hinsicht praktiziere, kommt aus dem Bauch. Nicht mehr aus dem Kopf.

Fazit

Banane oder nicht Banane?

War ich nun Banane? Bin ich noch Banane? Leicht zu beantworten ist diese Frage auch Monate nach dem Aufenthalt in der Klinik nicht. Fakt ist, dass ich zuvor unglaublich viele klassische Symptome der Depression nicht als solche wahrnahm. Dies beginnt bei körperlichen Anzeichen und knüpft nahtlos daran an, dass ich unbewusst zur Lösung simpelster Rechenaufgaben mein Smartphone zu Rate zog. Es erschien mir einfach komfortabler, nicht etwa weil ich der Meinung war, nicht rechnen zu können. Ich vergaß Namen. Nicht hin und wieder, sondern ständig. Es fiel mir schwer, Entscheidungen zu treffen, Dinge sinnvoll zu priorisieren, obwohl es mein Alltag war. Ständig haderte ich mit mir selbst, stellte mein eigenes Leben komplett in Frage und Freundschaften wurden unwichtiger.

Ich hatte keinen Spaß mehr an der Freude. Dinge, die ich früher tat, weil sie mir Freude bereiteten, konnte ich nur noch verbissen und effizient angehen. Ich fand keine Ruhe mehr, nicht einmal in Ruhephasen. Ich wusste eigentlich gar nicht mehr wer oder was ich war, obwohl ich tagein, tagaus funktionierte. Ich wusste nicht einmal, wie schlecht es mir wirklich ging, nur, dass irgendetwas nicht stimmte. Die Erklärung dafür suchte ich überall: Im Job, in Beziehungen zu Menschen, in den alltäglichen Problemen – nur nicht bei mir selbst.

Was mir also klar wurde, ist dass ich definitiv einen ›Softwaredefekt‹ im psychologischen Sinne aufwies, der mein Verhalten und die Entscheidungen im Alltag beeinflusste, ohne dass ich es wahrgenommen hätte. Insofern war ich tatsächlich Banane, ja. So richtig bewusst ist mir das erst geworden, als ich in den letzten Wochen des Klinikaufenthalts rastlose Neupatienten begrüßen durfte, die sich stets fragten, warum sie dort waren. Ständig hatten sie in einer Klinik ohne jegliche Mobilnetzabdeckung ihr Handy in der Hand, suchten nach effizienten Lösungen, haderten mit Kleinigkeiten und bemerkten dies überhaupt nicht. Ganz so wie ich einige Wochen zuvor ...

In der Klinik habe ich gelernt, in welcher Weise sich die neuronalen Strukturen im Gehirn verändert hatten, da ich lebte, wie ich eben lebte.

Insofern hat mein Körper völlig normal reagiert und in eine Art Notfallmodus geschaltet. Einer, der umkehrbar ist. ›Banane auf Zeit‹ sozusagen. Dem Durchbrennen der ›Hardware‹ und damit einem nachhaltigen Problem, bzw. einer ›rezidivierenden‹, also wiederkehrenden Depression bin ich nach Meinung einiger Therapeuten und Mediziner aber wohl ganz knapp entgangen. Wohl nicht nur Banane, sondern auch noch Schwein gehabt!

Es stellt sich also für mich die Frage, inwiefern dieser Zustand nun behoben ist, oder aber nicht. Fakt ist, dass meine kognitiven Fähigkeiten wiederhergestellt sind. Was bleibt, ist ein gewisser Schreck darüber, was da mit mir passierte und wie das alles überhaupt geschehen konnte. Die Konfrontation mit meinen eigenen Emotionen und der Herkunft der Verhaltensmuster hallt nach und brachte jene Verunsicherung mit sich, die ich anfangs im Alltag verspürte. Es war, als würde ich in neuen Schuhen umherlaufen – grundsätzlich eine nette Sache, diese neuen Schuhe. Ich war allerdings gespannt, wie schnell sie sich einlaufen würden, ob ich mir vielleicht noch die eine oder andere Blase würde laufen müssen. Trotzdem wusste ich, dass diese Schuhe in einigen Tagen oder Wochen zu mir gehören, als wäre ich nie in etwas Anderem herumgelaufen!

Es hat letztendlich etwas länger gedauert, aber die These hat sich als realistisch herausgestellt. Die Rekonvaleszenzphase bei dieser Krankheit ist langwierig. Das hatte man mir prophezeit und es hat sich bewahrheitet. Ich bin nach wie vor wachsam. Doch es geht mir gut.

Depression ist nicht selten

Wenn ich nun sage, dass der Spuk der Klinik für mich ein Ende hat, so sage ich nicht, dass ich eine vollständige Heilung erfahren habe. Ich weiß, dass ich mit der vermeintlichen Neigung zur Depression eventuell eine unheilbare Krankheit habe. Noch dazu hat mich die potenziell tödlichste psychische Krankheit erwischt, wie ich viel zu nah während meines Klinikaufenthalts und leider auch durch ähnliche Nachrichten im Anschluss erfahren musste.

Ich habe jedoch ebenfalls eine Krankheit, die sich sehr, sehr gut in Schach halten lässt, was sie zu einer schlummernden machen kann. Und genau das habe ich in den neuneinhalb Wochen innerhalb der Klinik gelernt!

Deutlich beunruhigender, als nun selbst betroffen zu sein und damit wohl keine Versicherungen mehr abschließen zu können, die sich in irgendeiner Form auf die Gesundheit beziehen ist die Tatsache, dass mir plötzlich unglaublich viele Menschen in meiner Umgebung auffallen oder, wie erwähnt, ratsuchend auf mich zukommen, die ganz ähnliche Verhaltensmuster aufweisen, wie ich es vor meinem Gang in die Klinik tat.

Es scheint, als sei die Dunkelziffer der von dieser Krankheit ansatzweise Betroffenen, oder zumindest derer die gefährdet sind, immens. Es kommt mir vor, als wäre die Art unseres Systems, die Weise, wie wir arbeiten, an sich der perfekte Nährboden für psychische Krankheiten. Wer nicht lernt, auf sich selbst zu achten, dessen Lebensinhalt wird es schnell werden, für die vermeintlichen Anforderungen anderer zu Leben. Das stresst den Geist und kontinuierliche Belastung macht krank.

So zumindest erkläre ich es mir als Laie und Betroffener. Diese Sichtweise bekommt auch mehr Gewicht, wenn man sich einmal die betroffenen Patienten ansieht. Oftmals sind es die Leistungsträger der Gesellschaft, wobei der Titel ›Leistungsträger‹ nicht unbedingt mit hohem Einkommen verknüpft ist. Sei es die berufstätige Mutter, oder aber der Konzernchef, der Berater im Konzernumfeld oder der Angestellte, der noch mehr Arbeit nicht neu besetzter Stellen der Abteilung übernehmen soll. Oder auch das Kind, das an den Erfolg seiner Eltern anknüpfen muss.

Arbeit und Erwartungen ablehnen? Das kennen diese Personen alle nicht. Angst um den Job, der Anspruch an sich selbst, beruflich, wie privat immer gute Leistungen erbringen zu wollen. Manchmal ist es auch mehr Geld und der damit verknüpfte Glaube vermeintlicher Sicherheiten. Das sind Themen, die jene Charaktere zu unglaublichen Leistungen antreiben, die sie allerdings oft auch ›verbrennen‹.

Die einen verfallen in Depressionen und / oder bekommen körperliche Beschwerden. Andere beginnen Drogen zu konsumieren, weil sie in einer Depression stecken oder werden durch die Drogen hineingestürzt. Ihre Geschichten gleichen sich jedoch in der Struktur. Druck von außen oder der eigenen Erwartungen an sich selbst sind die Ursachen für den Notfallmodus. Und wie oft habe ich solche Geschichten schon im privaten Bereich, in Nachbarschaft und Freundeskreis gehört? Viel zu oft! Multitasking und oft selbst gemachter Erwartungsdruck sind Auslöser für das, was ich durchlebte und es scheint eine Volkskrankheit zu werden, die jedoch voller Tabuthemen steckt.

Achtsamkeitsbasierte Psycho-therapie

Die achtsamkeitsbasierte Psychotherapie vereint zwei Disziplinen: Die reguläre Psychotherapie, die ich insbesondere mit den Einzelgesprächen in Verbindung bringe, so wie die Achtsamkeitsbasierte kognitive Therapie, die insbesondere für die Rückfallprävention bei Depressionen entwickelt wurde. (*Quelle: Wikipedia.org*)

Mit Hilfe von Atemübungen, progressiver Muskelentspannung und meditativen Methoden wurde mir in der achtsamkeitsbasierten kognitiven Therapie also beigebracht, den eigenen Ich-Begriff zu stärken und noch dazu den ›Autopiloten‹ des Alltags, durch eine Art ›Regie-Rolle‹ zu ergänzen.

Somit bin ich nun in der Lage, zu jedem Zeitpunkt die eigene Stimmung und Verhaltensmuster zu betrachten und in einem weiteren Schritt einzuordnen, ohne – wie zuvor – selbst von jenen Situationen gesteuert zu werden. Anzumerken ist mal wieder, dass sich exakt diese Ansätze auch in den grundlegenden buddhistischen Lehren zur Meditation wiederfinden, die ich für mich entdeckte. Die Wirkung jener Meditation auf die Funktion des menschlichen Gehirns wurde bereits mehrfach wissenschaftlich nachgewiesen. Wir haben es also nicht mit ›esoterischem Hokuspokus‹ zu tun.

Die Komponente der Psychotherapie wiederum hat mir aufgezeigt, welche die schädlichen Verhaltensmuster sind, und aus welchen Erfahrungen der Vergangenheit sie resultieren, um mich wiederum in die Lage zu versetzen, entsprechend gegensteuern zu können.

Man hat mir also die Werkzeuge und das Wissen an die Hand gegeben, mir in Zukunft selbst zu helfen. Somit bin ich aus purem Zufall an genau die Therapiemethode geraten, die perfekt für mich war. Wer allerdings glaubt, dass es ausreicht Hilfe zu bekommen, der irrt. In diesem Modell habe ich Hilfe, zur Selbsthilfe bekommen. Und ohne meine eigene, kontinuierliche Arbeit würde ich bald wieder an jenem Punkt stehen, der mich in die Klinik führte.

Das regelmäßige und überzeugte Praktizieren von Achtsamkeit und Meditation kann also ein Schlüssel zur Gesunderhaltung sein.

Jene Praxis wird jedoch wirkungslos, sobald sie zum Selbstzweck wird. Dann wird die Notwendigkeit sich zu entspannen zum Stressauslöser.

Klinikaufenthalt richtig oder falsch?

Mit dem Thema ›Hilfe zur Selbsthilfe‹ und mit der Sicht auf die neuen Patienten, die nach mir in die Klinik kamen und sich für ›zu gesund‹ für dieses Umfeld hielten, klärt sich auch die Frage, ob ich einen Klinikaufenthalt empfehlen kann, oder nicht. Natürlich spricht vieles gegen den stationären Aufenthalt in einer psychosomatischen Klinik.

Finanzielle Gründe. Die Selbstwahrnehmung, nach der man so krank doch eigentlich gar nicht ist. Der gute Ruf im Büro, bei Freunden und in der Nachbarschaft. Und nicht zuletzt die lange Zeit, die ein solcher Aufenthalt erfordert.

Ich behaupte jedoch, dass ich zum Zeitpunkt meines Antritts in der Klinik nicht in der Lage war, den Schweregrad der Krankheit auch nur ansatzweise einschätzen zu können. Noch dazu habe ich sie gestärkt verlassen. Ich habe in relativ kurzer Zeit Lebenserfahrung gewonnen, von der auch meine Kinder profitieren werden, indem ich ihnen ein nachhaltigeres Verhältnis zwischen Selbstwahrnehmung und Leistungsorientierung mit auf ihren Lebensweg geben kann, als jenes das ich mir selbst antrainierte. Meine Arbeitgeber bekommt einen leistungsfähigen, aber mit deutlich mehr Bedacht an die Sache herangehenden Mitarbeiter, der vielleicht nicht unmittelbar am Abgrund stand, diesen aber in der Ferne sehen und deshalb nicht mehr effizient arbeiten konnte.

All die Geschehnisse während der Krankheit sind bis heute ein befremdliches, fast unwirkliches und noch immer irgendwie peinliches Erlebnis für mich, das in meinem Innern erst noch verarbeitet werden will. Aber es hat mir geholfen wieder mit Optimismus weiterzuleben, so theatralisch dies auch klingen mag.

Sollte dich, der oder die du diese Zeilen liest, also einmal ein Arzt auffordern, einen ähnlichen Weg zu gehen, begreife die dahinterliegende Diagnose nicht als Schwäche, sondern als echte Chance dich in einem geschützten Umfeld weiterzubilden! Nicht für den Job oder für andere, sondern ganz für dich selbst. Es ist eine Stärke, etwas für sich selbst tun zu können, das weiß ich nun.

Wenn du nun sagen möchtest: »Hey, ich funktioniere doch, bin aktiv und arbeite viel!«, dann hinterfrage dich selbst vor dem Hintergrund der Behauptung, dass neben Passivität auch übermäßige Aktivität den Geist und die Selbstwahrnehmung betäuben kann. Unsere Gesellschaft zeichnet sich durch eine Vielzahl von Möglichkeiten aus, die eigene Lebenszeit zu verbringen. Seien es aktive Dinge wie das Hobby, Shopping, die Arbeit oder auch das simple Fernsehen am Abend auf der passiven Seite der Liste.

All das hält uns davon ab, uns mit den angenehmen und unangenehmen Seiten unserer Seele zu befassen. Es versetzt unser ›wahres Selbst‹ in eine Art Dämmerzustand, in dem wir uns niemals im ›Jetzt‹ befinden, sondern stets mit Gedanken befassen, die die Zukunft, Vergangenheit oder all die an uns gestellten Anforderungen betreffen. Es geht nicht darum, jene Gedanken völlig zu ignorieren. Im Gegenteil! All das soll seinen Platz haben, denn sonst wären wir in der realen Alltagswelt nicht lebensfähig, müssten uns eine esoterische Kommune suchen, um zu überleben.

Wichtig ist das gesunde, ausgewogene Maß. Es ist ein eventuelles Ungleichgewicht, das es wahrzunehmen und zu verhindern gilt. Das macht uns unzufrieden mit uns selbst und mit dem Umfeld, in dem wir leben. Wie blind versuchen wir, diese Unzufriedenheit mit noch mehr Verbissenheit auf verschiedensten Gebieten zu bekämpfen. Mehr Geld, mehr Urlaub, mehr Ansehen, mehr Attraktivität. Auch diese Anstrengung macht uns unzufriedener. Es ist ein Teufelskreis!

Mir ist es in der Vergangenheit nicht gelungen, ein Gleichgewicht herzustellen. Ich wurde unzufriedener und missgelaunter, was mich letztendlich in die Depression, das Burn-out, oder was auch immer gebracht hat. Heute hilft mir die Achtsamkeit dabei, mich stets an mich selbst zu erinnern, all die Dinge des Lebens zu beobachten und mit viel Ruhe für mich zu verwenden, ohne eine Überbewertung vorzunehmen. Diese stetige Erinnerung an mich selbst erweckt eine tiefe Ruhe, Sicherheit und Zufriedenheit, ja vielleicht sogar Glück in und mit mir. Das funktioniert manchmal besser, ab und an weniger gut. Nach wie vor verlockt der Alltag mich in alte Muster zu verfallen, aber ich bin nun in der Lage, diese wahrzunehmen und sie in Frage zu stellen. Ich spreche also explizit nicht von Erleuchtung und unendlicher Weisheit, nein. Es ist ›lediglich‹ ein neues Bewusstsein im ganz normalen Alltagswahnsinn, das einen für mich ungesunden Teufelskreis durchbricht.

Ebenso wichtig ist die Tatsache, dass ich in diesem Umfeld der Klinik Menschen kennenlernen durfte, mit denen ich mich sonst niemals beschäftigt hätte. Reiche, bekannte und erfolgreiche Menschen, weniger reiche aber umso interessantere, die ich niemals dafür gehalten hätte, wäre ich nicht sanft dazu gezwungen worden, mich mit ihnen auseinanderzusetzen. Ich habe unter ihnen sogar Freunde und neue Perspektiven gefunden und echte Persönlichkeiten kennengelernt.

Eine davon war ich selbst.

Hilfe und Beratung für Betroffene und Angehörige

Die Deutsche DepressionsLiga e.V. ist eine bundesweit aktive Patientenvertretung für an Depressionen erkrankte Menschen. Sie ist eine reine Betroffenenorganisation, deren Mitglieder entweder selbst von der Krankheit Depression betroffen oder deren Angehörige sind.

www.depressionsliga.de

Die Stiftung Deutsche Depressionshilfe trägt durch die Zusammenarbeit mit Krankenversicherungen u.a. im Rahmen von Selbstmanagementprogrammen und telefonischen Betreuungsprogrammen, unmittelbar dazu bei, die Versorgung depressiv erkrankter Menschen zu verbessern.

www.deutsche-depressionshilfe.de

DERFUCHS-VERLAG

www.DerFuchs-Verlag.de
info@DerFuchs-Verlag.de

Auch auf Facebook:
www.facebook.com/DerFuchsVerlag

Endstation Hoffnung
Biographie

von Emily J. Finster

Nach der Trennung von ihrem Freund Alexandro, hofft Emily, endlich in Aidan den Mann fürs Leben gefunden zu haben. Er ist aufmerksam, ehrlich und offenbart ihr sogleich sein schrecklichstes Geheimnis: Aidans angebliche Montage war in Wirklichkeit ein Drogenentzug mit darauffolgender Therapie.

Obwohl sie sich anfangs nach dieser Enthüllung nicht so ganz sicher ist, ob sie mit einem solchen Mann zusammen sein möchte, geht Emily darauf ein. Und erst scheint auch alles in Ordnung zu sein ... zumindest bis Aidan beginnt, sich zu verändern.

Eine Geschichte, die auf einer wahren Begebenheit beruht, aus einer Stadt nahe Dortmund.